Letters and Words
SUDOKU

Letters and Words
SUDOKU

BRIAN TORDOFF

Printed in the United States of America

LCCN: 2018949581
ISBN: Softcover: 978-1-64376-017-9
         e-Book: 978-1-64376-018-6

Published by PageTurner, Press and Media
Revised Date: 07/06/2018

Publication Date: 07/06/2018

Tordoff, Brian. (August 25, 2014). First print.

To order copies of this book, contact:
PageTurner, Press and Media
601 E., Palomar St., Suite C-478, Chula Vista, CA 91911
Phone: 1-888-447-9651
Fax: 1-619-632-6328
Email: order@pageturner.us
www.pageturner.us

Introduction to this new puzzle —Letters and Words Sudoku

This is a basic description of how Sudoku puzzles work. Each puzzle is 9X9 numbers. This 9X9 set has 9 blocks of 3X3 numbers. Some of the numbers are missing and the puzzle is to find out what the missing numbers are. When you have done this correctly then each number appears only one time in each row and each column. It also appears only one time in each 3X3 block. This puzzle uses the same technique but it uses letters instead of numbers.

This new puzzle is like Sudoku that is used in many new books. But this one is different. It uses letters instead of numbers.

This puzzle uses nine letters instead of nine numbers and the letters are not always the same. Each puzzle has a list of the nine letters that are being used in that puzzle.

There will be two parts for these puzzles.

Part 1 is like the Sudoku puzzles. There will be a 9X9 table with some of the letters missing. Each puzzle will have the same group of letter like: **f t h b m g o e a**, or, **s m l g b y i o u**. Generally, 6 consonants and 3 vowels are used, but there may be times when 7 consonants and 2 vowels, or 5 and 4 are being used.

There is also a blank table which is 4 columns by 9 rows. This is the area in which you will record the second part. After you have figured out what all the letters are, you will get to see how many words you can find. This is Part 2.

Part 2 is completely different from the Sudoku. This is where you go through your answers to part one and see how many words you can find. Some of the puzzles have as many at 15 words and some as many as 25 words. It is all dependent on the letters that are used. This is the part than can really be difficult. You will be going through the puzzle, after you have done the hard work of finding all the letters, and trying to find words. All words in the answers are at least 3 letters long.

Congratulations.

Sample, part one.

In the Sudoku puzzle you had to find all of the missing numbers. In this game you need to find all the missing letters. Below the puzzle is a list of the letters that were used.

Sample

w		r	m	l	a	t	e	o
	l			r	w			m
o	e	m	t	n	w	a		l
m	r				n	o	t	a
	l		e	m		n	w	r
	w		t					e
	o	n	w	a			l	
l	m				t	e	a	
e	a		m	l		r		w

The letters used are: **w m t n r l e a o**

Part 1. Begin filling in the open boxes just like you would in a Sudoku puzzle. But you will use only the letters which are listed at the bottom of the puzzle. If you are having problems, please check in the answer section at the end of this puzzle book. Remember, no letter will appear twice in any row, column or 3X3 box. On the next page you will find all the letters for the sample filled in. Below it you will find the 4X9 table for you to write your words in.

Sample part 1, the letter answers

Sample

w	n	r	m	l	a	t	e	o
a	t	l	e	o	r	w	n	m
o	e	m	t	n	w	a	r	l
m	r	e	l	w	n	o	t	a
t	l	o	a	e	m	n	w	r
n	w	a	r	t	o	l	m	e
r	o	n	w	a	e	m	l	t
l	m	w	o	r	t	e	a	n
e	a	t	n	m	l	r	o	w

The letters used are: **w m t n r l e a o**

What words can you find?

Total =

Now comes the fun part!

FIND THE WORDS. In this particular puzzle I found a total of 23 words. You may be able to find more. The words go right to left, left to right, bottom to top or top to bottom. You may also find that the same word comes in more than once. For example, the words **war** and **raw** were found twice. I have not used words that go diagonally. If you do that you may end up with words that use letters more than once.

When you have found all the letters you will now put the words you find in here. Then you can check them against the answers. What words can you find?

ate	late	roe	war
raw	not	war	raw
lot	row	tea	eat
row	met	won	wet
tar	rat	are	mow
rate	now	arm	

Total = 23

These are the answers for the sample puzzle in the introduction.

Sudoku is one of my favorite games. I hope you will have some fun with this new game which I call **Letters and Words Sudoku**.

Now you get to have fun with these puzzles.

PUZZLES

Puzzle #1—Find your missing letters.

S	i	M	A	L				R
F	L	R	T	I	M			A
E	T	A			R	M	I	
L	R	E		S	T	F	A	
A	S	T		E			R	
I	M	F		A		E		T
T	A	S	F					E
m	F		E	R			T	S
R	E				S	A	M	F

LETTERS FOR THIS PUZZLE
S M L T F R A E I

Puzzle #1—What words can you find? Put them here.

TOTAL =

———

Puzzle #2—Find your missing letters.

M	L				R	O	E	F
F						M	A	I
O	E	A	M			L	R	
	O	L		I		E	M	
	I		M	A				
G	A			O	F			
L				E	A			O
			L	M	R			E
A	G	E	O				L	M

LETTERS FOR THIS PUZZLE
M L G R F O E I A

Puzzle #2—What words can you find? Put them here.

TOTAL =

———

Puzzle #3—Find your missing letters.

L	N				A	Y		M
M		E	Y				T	S
		R	M	L	T	N	E	
		L	A		Y			
	E	N	S			T	L	
Y	R	S	L			M		N
E				A		S		T
	T				S	E		
N			T	E				R

LETTERS FOR THIS PUZZLE
L N S R M Y A E T

Puzzle #3—What words can you find? Put them here.

TOTAL =
_____

Puzzle #4—Find your missing letters.

W			E	T			S	I
I				S	O	W		T
T	R	S	I		L	O		
L			N			S		
N						L	W	
	S		W	L	E	I		O
	W		S	N	I	T		L
						E	I	W
O			L	E				S

LETTERS FOR THIS PUZZLE
R S T L N W E I O

Puzzle #4—What words can you find? Put them here.

TOTAL =

_____

Puzzle #5—Find your missing letters.

G	N				I	R		F
	E		R	N		I		
	I		A			W	E	
F	T		G		A	E	W	
			I		N			R
		R	F	E				T
		I	W	A				G
A	R			F		N	I	W
T		G		I	R	F		

LETTERS FOR THIS PUZZLE
W N T F G R A E I

Puzzle #5—What words can you find? Put them here.

TOTAL =

_____

Puzzle #6—Find your missing letters.

G	A				R	N	T	M
L		M	A	N				S
N		E	M	T		A	L	G
S				M	L	G	E	A
		A	G					L
	L				E	R		
	S				M	T	A	
A			E	L			G	
R	G				A	L	M	E

LETTERS FOR THIS PUZLE
M G N L T S R E A

Puzzle #6—What words can you find? Put them here.

TOTAL =

———

Puzzle #7—Find your missing letters.

A	E				S	I		G
		T		E	F	S		L
L		G		T			E	
G		N	S				I	
F	I	L			N			T
	T	S		I	L	G	F	N
	F	I	N				L	
N			F	S				
S	G				E	F		I

LETTERS FOR THIS PUZZLE
T S F N L G A I E

Puzzle #7—What words can you find? Put them here.

TOTAL =

_____

Puzzle #8—Find your missing letters.

S			M	D				O
E				N	R		D	S
V		D	I	S			E	
O	M		E	I			R	
		S			N	O	I	
R		E	S	O	D	V		N
M	O					E		I
	S			E		R		V
N	E			R	I	D	S	M

LETTERS FOR THIS PUZZLE
D R V S M N O I E

Puzzle #8—What words can you find? Put them here.

TOTAL =

_____

Puzzle #9—Find your missing letters.

G	O			A	R	L		S
	N	F			S	R		
				L	F	E	O	
		N	L				S	
S		G	E			F	L	
O		L	F	S	A	N	G	E
N			A	O			E	F
E				F	N			A
A	F			G	E			L

LETTERS FOR THIS PUZZLE
R L N F G S A E O

Puzzle #9—What words can you find? Put them here.

TOTAL =

_____

Puzzle #10—Find your missing letters.

W	S				O	E	L	N
A	O	N	L				W	R
			R		N	O	S	A
			N		L			S
				O	W	N	E	G
N	A	E			G	W		L
L	R	W			A	S		O
		A	O		R	L		W
G		O	W				A	E

LETTERS FOR THIS PUZZLE
W L R N S G A E O

Puzzle #10—What words can you find? Put them here.

TOTAL =

_____

Puzzle #11—Find your missing letters.

E		I	S	P			R	L
T		O	R	N				
P		L		I		S	O	
		S		O	P	R	L	
	I	R						
	P		N		R	O	I	E
	T		O					R
S	L		P	R			T	
R	O				N	L	S	I

LETTERS FOR THIS PUZZLE
P R S T L N E O I

Puzzle #11—What words can you find? Put them here.

TOTAL =

_____

Puzzle #12—Find your missing letters.

		E	R			L		I
N	I	R	L		S	D		E
					T	S		
	E	A	S		R	N	L	
		L	A				D	
S		N	T	L	E	I		A
A				S	L	T		N
D		T	E		I	A		L
E					A	R	I	D

LETTERS FOR THIS PUZZLE
T R S L N D E A I

Puzzle #12—What words can you find? Put them here.

TOTAL =

———

Puzzle #13—Find your missing letters.

W	E			I				S
R		D	S			E		
S		T	E	R	W	D		
D		I	R	N	T	S		
	N	E		D		R	T	W
	R					I	D	
							E	
E			N		O		I	T
N				E	I		S	R

LETTERS FOR THIS PUZZLE
T N W R D S I O E

Puzzle #13—What words can you find? Put them here.

TOTAL =

_____

Puzzle #14—Find your missing letters.

R	M				E	T	I	D
I		E	D			M	R	
		T		I				
		A		N	T	D	S	
	N		A	E	D	I		R
T		D	R					N
A		S	T	R	I	N		E
M		I	N				A	T
N	T				A	S		

LETTERS FOR THIS PUZZLE
T N R S M D A E I

Puzzle #14—What words can you find? Put them here.

TOTAL =

———

Puzzle #15—Find your missing letters.

G	A				E	T	L	S
	R		S	T		G		A
	I		G			M		
	E		L		S	A		
M	L			A	G	I	S	
		A		R	T	L	E	M
		I	T	E				L
L		E	A	G				T
R	T				L	E		

LETTERS FOR THIS PUZZLE
R S T M G L E A I

Puzzle #15—What words can you find? Put them here.

TOTAL =

———

Puzzle #16—Find your missing letters.

S				T	A	R		
A	T		E	O			N	L
	N				S	T	O	A
	O	E	Y				R	N
				E				S
Y			A	N	T	E	L	O
L			O				S	R
R	S				N	O	Y	E
O		N	S	Y				T

LETTERS FOR THIS PUZZLE
T L S R N Y E A O

Puzzle #16—What words can you find? Put them here.

TOTAL =

_____

Puzzle #17—Find your missing letters.

R				A			E	N
T	A				N	R		
E	M		G	D	R	A		
A	I		N	R	G	T		
	T		D				A	R
	D	R		M	A	E	G	I
	N	A		T	E	M		
	T					I	N	E
I	E			N		G		A

LETTERS FOR THIS PUZZLE
D R G M N T A E I

Puzzle #17—What words can you find? Put them here..

TOTAL =

———

Puzzle #18—Find your missing letters.

N	I				L	T	E	O
P	L	O	T				R	I
				I	O	P		L
								N
	N	I		L	T	E		
T		L	E		N	I	O	
E		N	I	T	S	R	L	
		P			R	O		
I	T				P	N	S	E

LETTERS FOR THIS PUZZLE
S P R L N T I O E

Puzzle #18—What words can you find? Put them here.

TOTAL =

_____

Puzzle #19—Find your missing letters.

S				F	R			E
A	R	E	T			W	F	
	O				E	A	S	
	F	O	E	A		R	T	
			F					W
T	A		O	W	S	M		F
O	E		M	T		F		A
R				O			M	T
M	T	F	R	E		S	W	O

LETTERS FOR THIS PUZZLE
W M F R S T A E O

Puzzle #19—What words can you find? Put them here.

TOTAL =

_____

Puzzle #20—Find your missing letters.

R				E	F	O	W	T
M	W	F	O	T				A
T	E	O	R				M	
A			T				E	
			S	M	A	T		W
		T	E		R	M		O
	T	A	W	R	E	F		
F	M				T	W		
O	R			S				E

LETTERS FOR THIS PUZZLE
W F R S M T E A O

Puzzle #20—What words can you find? Put them here.

TOTAL =

_____

Puzzle #21—Find your missing letters.

N	P	O	S				W	
S		A	I				N	P
T		I			W	O		A
P		S			I	N		O
	I	N	O		P	T		
	O	T	R	A	N		P	
	T	P	W	N	R		I	
A				I	T		O	N
I			A			P	T	R

LETTERS FOR THIS PUZZLE
W N R S T P A O I

Puzzle #21—What words can you find? Put them here.

TOTAL =

_____

Puzzle #22—Find your missing letters.

N	S				R	D		E
	E				I	O	N	R
			E	N	D	I		T
	M			E	N	T		S
S	I		R			N	E	
E		N	M			R	O	
I		E	D	R			T	
O		M			S	E	I	D
D	T				E			N

LETTERS FOR THIS PUZZLE
N M R D S T O E I

Puzzle #22—What words can you find? Put them here.

TOTAL =

———

Puzzle #23—Find your missing letters.

T	O				M	S		R
N	R	S	O		G	I		
			R		S	G	O	N
			G					O
	G			S	I	T	R	
R				O	N	M	I	
G	T	R	S			O	N	
I	M				O	R	G	S
S			I	G				T

LETTERS FOR THIS PUZZLE
T M R S N G I A O

Puzzle #23—What words can you find? Put them here.

TOTAL =

_____

Puzzle #24—Find your missing letters.

T		M	A	I				R
R	I				T	M	B	O
				B	R	A	T	
I	O			S	M	T		
M	A				B	W		
S	R			A	I	O		B
W	S	I	R					M
		O	I	M				W
A			B	O				T

LETTERS FOR THIS PUZZLE
T M B R S W O A I

Puzzle #24—What words can you find? Put them here.

TOTAL =

———

Puzzle #25—Find your missing letters.

	G		N	E		S	I	O
	I	O	R			A	E	
S	E				A	G	T	
N	O				G	R	S	
E				R				
		T	I	S			N	A
	S	G	O					E
	N				E			S
I	A				R	T	O	G

LETTERS FOR THIS PUZZLE
T N R S G A E I O

Puzzle #25—What words can you find? Put them here.

TOTAL =

_____

Puzzle #26—Letter Answers

S	O				R	D	E	T
N	G			I	T	R		
			O	S			N	
O	N		T	E			D	
D							T	N
		E	D	R	N	S		G
		T	R		E	O		D
	E				O	T		S
I				T	S	N		E

LETTERS FOR THIS PUZZLE
D N G R S T I E O

Puzzle #26—What words can you find? Put them here.

TOTAL =

———

Puzzle #27—Letter Answers

G	R			N	A			E
E			T		R		A	L
	L					R	G	
		T		I	N		R	
A	I				L		T	
		R	G				I	
I		L			E			R
R		G			I		E	
	N	E			G		L	

LETTERS FOR THIS PUZZLE
T N L M R G I A E

Puzzle #27—What words can you find? Put them here.

TOTAL =

_____

Puzzle #28—Letter Answers

E				T	L	R	M	G
A				S	G	L		
	G	L						S
	A	E			T	S	R	L
		T			S	M		
G		M	R	L			I	T
T		G	L				S	R
L				R	I			
S			T	G	E			M

LETTERS FOR THIS PUZZLE
R S T L M G A E I

Puzzle #28—What words can you find? Put them here.

TOTAL =

_____

Puzzle #29—Letter Answers

I	M	T	L				E	S
E		G	I		T	A	L	F
L					S	T		
A		S	M		G	F		
	E	L	F	T	I	S		
	G				L		M	E
		E	T	F	M			I
G					A		F	
F	T			L			S	

LETTERS FOR THIS PUZZLE
M G L F S T I E A

Puzzle #29—What words can you find? Put them here.

TOTAL =

———

Puzzle #30—Letter Answers

	A	B	R				E	I
R				B	I	C		F
	F	W		E	A	B		
	R	I			G	A		
	W	F	E		R	I		
A		M	B		W		F	E
F				W				G
	I		F	G				B
	E	G			B	F	W	A

LETTERS FOR THIS PUZZLE
B F R M W G E A I

Puzzle #30—What words can you find? Put them here.

TOTAL =

———

Puzzle #31—Letter Answers

M	R		G	I		T	W	E
A			W	T				
G				M	F	I	A	
R					G	A	I	
I	W	A	R				T	F
		T	I	A				M
W					I	F	E	
		R	F				M	
T	F				E	R		I

LETTERS FOR THIS PUZZLE
W R F G M T A E I

Puzzle #31—What words can you find? Put them here.

TOTAL =

_____

Puzzle #32—Letter Answers

A				F	E			G
		R			B	A		I
M				I			T	
	T			E	T			A
		E	F			B	I	
I	T			B				R
	G	T	A			I		
B	A			T				F
		I	B	G			A	

LETTERS FOR THIS PUZZLE
T R B F G M A I E

Puzzle #32—What words can you find? Put them here.

TOTAL =

———

Puzzle #33—Letter Answers

A		Y		E	M	R	L	I
		P		I				Y
	M	I		S	Y	A	P	
E	A	L	S	M	P	Y		
M						P		
		S	I		R	L	E	M
		E	Y		I	M	A	S
					S			L
S	L	M			E			P

LETTERS FOR THIS PUZZLE
P L R S M Y A E I

Puzzle #33—What words can you find? Put them here.

TOTAL =

———

Puzzle #34—Letter Answers

M	I				A	T	E	W
	T	E	F	W			M	S
S		W	T					
I	F	T	A	E				
		A	S		W	E		
W		S	M		F	A	R	I
E	S	M	W	A			I	R
				R	S		A	
T	A				M	S		

LETTERS FOR THIS PUZZLE
W M F R S T A I E

Puzzle #34—What words can you find? Put them here.

TOTAL =

_____

Puzzle #35—Letter Answers

N		S	U					E
E		U			N	W	O	
		R	E	M			S	
		M	R				N	
	E	N	O			M	U	B
U	S				M	E		
M	R				E		B	S
		W	O				E	
O	N			S		R	W	

LETTERS FOR THIS PUZZLE
R M B W S N O U E

Puzzle #35—What words can you find? Put them here.

TOTAL =

———

Puzzle #36—Letter Answers

G		S	I	R				A
N			A			R	G	
	L		D	N		I		
	S		A			G		
	R		G		S	A		D
A	D			I				N
D				S	I	L	R	
	N	L	R				A	
	G			E	A			I

LETTERS FOR THIS PUZZLE
N R L D G S I A E

Puzzle #36—What words can you find? Put them here.

TOTAL =

_____

Puzzle #37—Letter Answers

A		R	N				Y	D
E					O			
G		D	L	A	Y		R	E
		L	E	Y	N		G	A
	A	E	G	O		Y		R
	Y					E		
Y	G		D			R		
	D		Y		F	A	E	
L	E			R				Y

LETTERS FOR THIS PUZZLE
D R N G L Y A E O

Puzzle #37—What words can you find? Put them here.

TOTAL =

———

Puzzle #38—Letter Answers

T	N	R	P				O	S
				T	N			P
M		P		O			N	T
P		T		S	M			A
		O		N		T	M	
	A		T	R		P		
R	M		N	P		O	T	
			R				A	M
		E	M				P	N

LETTERS FOR THIS PUZZLE
M N P R S T A E O

Puzzle #38—What words can you find? Put them here.

TOTAL =

———

Puzzle #39—Letter Answers

D	E	S	O				A	N
M				T	S		E	O
	A	O		E	D	R		
	N			S	A		R	
	M						N	
R	T	D	M	N				E
		R	S	O				M
E	S				T	N		R
N				M	E		D	A

LETTERS FOR THIS PUZZLE
M D S N R T O E A

Puzzle #39—What words can you find? Put them here.

TOTAL =

_____

Puzzle #40—Letter Answers

F	R				N	A		
A					C	I		T
		F		E		N	R	
			A		T		I	M
	M		R		F	N	T	
T		I	E	N		C		
M	T	F	C	E		R		
C	E				R			I
R				M	A		E	C

LETTERS FOR THIS PUZZLE
F R N C M T A E I

Puzzle #40—What words can you find? Put them here.

TOTAL =

———

Puzzle #41—Letter Answers

N				A		L	O	S
	A	M	S				E	N
L				E	N	R		
R	S							
	M			O	S			
	O	E		N	T		R	L
	L				R		N	O
M				S	A	E		
		T	L	M				R

LETTERS FOR THIS PUZZLE
R S T L N M E A O

Puzzle #41—What words can you find? Put them here.

TOTAL =

_____

Puzzle #42—Letter Answers

		I	S	H				D
S						A		
	N	H	A	C				I
	S			E	C	D		R
	H	C	D				N	E
		E			S	H		
N		A	C	S	D	I	E	
C				I	H	N		
H	I			N			R	S

LETTERS FOR THIS PUZZLE
D S R C H N I E A

Puzzle #42—What words can you find? Put them here.

TOTAL =

_____

Puzzle #43—Letter Answers

H		T	S	G		R	U	O
U	G		O	H		S		
R	S		U					H
S			T					N
N			H		O			
	H	R		N	U	T	S	
					S	G	N	
	R							S
E	N				H			T

LETTERS FOR THIS PUZZLE
H R N G T S E O U

Puzzle #43—What words can you find? Put them here.

TOTAL =

———

Puzzle #44—Letter Answers

		E	L	N			O	S
S	R	L		O			E	N
N				E				
E				T				
R			N	S			M	
	O	N	M	E		S		
		T	O	R		N		E
	E					L	S	M
W	N		E		M	R		O

LETTERS FOR THIS PUZZLE
T N R L S M W O E

Puzzle #44—What words can you find? Put them here.

TOTAL =

———

Puzzle #45—Letter Answers

L	A				E	T	S	Y
	T			A	P			
	E		T	Y	L		P	R
E				S	M		L	T
P	Y	T	A			S		
		L	E			R		
T	S					P		
Y	L			P	S		T	A
A				E	T		R	S

LETTERS FOR THIS PUZZLE
P R T M L S Y A E

Puzzle #45—What words can you find? Put them here.

TOTAL =

———

Puzzle #46—Letter Answers

L	M			S	A	R	D	
I			L	D	M	S		
			I				L	E
D			A	E			R	L
R		L	M				A	
		A	R	L	D	I		
		I		A	E	L		
	R	S	D				E	M
A	L				R	D	I	T

LETTERS FOR THIS PUZZLE
D M R S T L I E A

Puzzle #46—What words can you find? Put them here.

TOTAL =

———

Puzzle #47—Letter Answers

E	R				B		T	
A			T	M			B	
	G		I		R		M	
I		R		T		A		E
N		T		B		I		M
M	A				E		N	
		I			N		A	B
	N		M	A		R		G
	M	A	B			T		

LETTERS FOR THIS PUZZLE
M G N B R T A I E

Puzzle #47—What words can you find? Put them here.

TOTAL =

———

Puzzle #48—Letter Answers

E		A			T	C	S	O
H		C	S	A				M
			M	E		R	H	A
M		E	O	S		A	C	T
C	T	R				A	S		H
	A				H	E		
	E				S	M		
	S		A	C	M	O	R	
A				O	E		T	

LETTERS FOR THIS PUZZLE
C H R T S M A E O

Puzzle #48—What words can you find? Put them here.

TOTAL =

———

Puzzle #49—Letter Answers

L		T	I	A			N	G
G		A	R	L				I
		H			N	E		A
	L			T	A	G		N
	T	N				A		
A	G			N	R			
T	R			H	G		A	
E			A	I	T		G	R
N		G	E				I	T

LETTERS FOR THIS PUZZLE
R T H N G L A I E

Puzzle #49—What words can you find? Put them here.

TOTAL =

_____

Puzzle #50—Letter Answers

E				I	T	R		A
T		R	L					E
	A	L	M		R	S	T	
	L	E	I		S	W	A	
	W			L	E		R	
S		T	W		A		E	I
L		A	E	S	M		W	R
W		M	R	T				L
R	T				L	E	I	M

LETTERS FOR THIS PUZZLE
W R S T M L I E A

Puzzle #50—What words can you find? Put them here.

TOTAL =

———

Part 2 for Book 1—Puzzles
and blank table for words

Puzzle #51—Find your missing letters.

G				T	N		L	S
	A	R	S				G	
	S		R		G	T	A	
	N		O		R	S	T	
O			G		L	I		A
R		A	I	S				G
							I	T
	O			G	A	L		
A	R		L	I				N

LETTERS FOR THIS PUZZLE
R N G L S T I A O

Puzzle #51—What words can you find? Put them here.

TOTAL =

———

Puzzle #52—Find your missing letters.

D	G				A	I		W
		I	O				G	R
R			G	I	M			D
G					D	O	L	M
		R	A				W	G
	D	M	L	O				I
	O		M	W			R	A
A					O	M		
L		G	I	A			D	O

LETTERS FOR THIS PUZZLE
W R D G L M I O A

Puzzle #52—What words can you find? Put them here.

TOTAL =

———

Puzzle #53—Find your missing letters.

		I	O	L			R	S
S	B				E	I		L
L			S	I				B
B	L				S	R	E	I
		E	B			O		N
		N	E	O	I	L		T
E	N				T	S		O
O	T	S	I				L	R
		B	L	S				E

LETTERS FOR THIS PUZZLE
B N L T S R O E I

Puzzle #53—What words can you find? Put them here.

TOTAL =

_____

Puzzle #54—Find your missing letters.

E	M				W	N	I	S
	W			H	S		O	
		I	M	N			W	T
		M	E	S	H		T	O
S					O			
H		T	N		I	S		
		E	H			T		
		O	S				H	
I				E		O		N

LETTERS FOR THIS PUZZLE
N W S T H M O I E

Puzzle #54—What words can you find? Put them here.

TOTAL =

———

Puzzle #55—Find your missing letters.

R				E			B	N
N	T	W	R					
		A	N		Y	T	W	
		B	A		R	E	T	W
	A		S	T	E	R		
T	R		W	N		S		
Y	W					B		
		T		A	N	W		Y
A				W	T			E

LETTERS FOR THIS PUZZLE
N W B T R Y S E A

Puzzle #55—What words can you find? Put them here.

TOTAL =

Puzzle #56—Find your missing letters.

I	C				A	T		H
T				C	I	A		
	A	T					C	Y
Y				A	T	E		
H		E	C			Y	T	A
		T	I				M	
		M	E	Y				
W	Y				H	C		E
E	H				W	M		T

LETTERS FOR THIS PUZZLE
W T H M C Y I A E

Puzzle #56—What words can you find? Put them here.

TOTAL =

———

Puzzle #57—Find your missing letters.

C	O				W	E	R	L
		A	E	L	O			M
L	T				C	W	A	O
		R	L	O				W
O				W	R		L	E
W	M	L	C			R	O	T
		T	W	R			E	A
A	R				T	L		
E			M				W	R

LETTERS FOR THIS PUZZLE
W L C M T R E O A

Puzzle #57—What words can you find? Put them here.

TOTAL =

_____

Puzzle #58—Find your missing letters.

		L	W				O	N
H	O				N	L	G	E
			O	L	H			
			L	H		N	T	
	H		W			A		
W	N	O	A	G	T		H	
	N	L	T	A		E		
T	L				N	W	G	
O			N	W			A	

LETTERS FOR THIS PUZZLE
W H T N G L A O E

Puzzle #58—What words can you find? Put them here.

TOTAL =

———

Puzzle #59—Find your missing letters.

	L				E	H	R	W
	A	H	R	W				E
E	W			O	H	A	S	
A			W	T	R	L	O	
	O				A		E	
		W	E			S		A
		L	T	R				S
	S		A				W	O
W	T		O	E				L

LETTERS FOR THIS PUZZLE
H W R S T L A E O

Puzzle #59—What words can you find? Put them here.

TOTAL =

———

Puzzle #60—Find your missing letters.

		A	E	S				T
U	I	S						E
	B			U	F	S		I
	U			T	E			A
	E			I	A	F		
A		I	F			T	E	B
		U	T					R
I		B	U			E	T	
R				A	S	B	U	

LETTERS FOR THIS PUZZLE
B F S R T E A I U

Puzzle #60—What words can you find? Put them here.

TOTAL =

———

Puzzle #61—Find your missing letters.

A				S			E	I
H	I	E	A	T				M
		S				A	T	
	E	R	H	A			M	
	S				T	E	H	
	H				I	R		
		N	T	H				S
		E	I		T	N		
I	M	T	S				A	

LETTERS FOR THIS PUZZLE
T H N M S R I E A

Puzzle #61—What words can you find? Put them here.

TOTAL =
_____

Puzzle #62—Find your missing letters.

		T	H	U	E	G	N	
G	R				S	H	T	
N			G	R				U
T	U	S	N	H				O
		R	E				G	S
E	G			R	O	T	U	
				E	H	U	S	
	E	G	U	O			H	
U			S				E	G

LETTERS FOR THIS PUZZLE
R G H T S N U O E

Puzzle #62—What words can you find? Put them here.

TOTAL =

_____

Puzzle #63—Find your missing letters.

		E	H				Y	A
		T	E	O			D	R
O	R				D	E		
R	A			H	O	S		
		D	Y	S			A	
T				D	A	Y	H	
Y	D				H	T	O	E
		A	O	R				Y
S	T			E	Y	A		

LETTERS FOR THIS PUZZLE
H D S T R E A O Y

Puzzle #63—What words can you find? Put them here.

TOTAL =

_____

Puzzle #64—Find your missing letters.

		M			N	A	R	
N	T				O	E	M	
	R	S	A					N
	O				A	N		E
			M	N			A	
A	N	E	S	O				
S				A	T	L	E	
	E				M	S	N	A
	A	N	E				T	M

LETTERS FOR THIS PUZZLE
M R N L S T O E A

Puzzle #64—What words can you find? Put them here.

TOTAL =

———

Puzzle #65—Find your missing letters.

V	N			O			E	T
		L	V					F
	F			E	N	V	A	
A	E	O	F	T			L	
F	T			N	L	G		
		G				O	T		E
L				G	A	E		N
G					E	F		
		E	N	F			G	L

LETTERS FOR THIS PUZZLE
T L V F N G E A O

Puzzle #65—What words can you find? Put them here.

TOTAL =

———

Puzzle #66—Find your missing letters.

F				E			A	N
	R			A	O	F		
	O			S	F	E		
	N	R	F				D	E
	F				N	T		O
E				O	S			A
S		N	O	R				F
		F					O	
R	A			F	E	D	N	

LETTERS FOR THIS PUZZLE
D N R S F T A E O

Puzzle #66—What words can you find? Put them here.

TOTAL =

‗‗‗‗

Puzzle #67—Find your missing letters.

M			L	S				R
		R	M				L	
S				R			M	U
E		A	U				H	L
T		M			L	U	S	
	H		E	M	S			
R	M		S	U	H	E	T	
		S	T				R	M
		T	R				U	S

LETTERS FOR THIS PUZZLE
H L R S T M E A U

Puzzle #67—What words can you find? Put them here.

TOTAL =

_____

Puzzle #68—Find your missing letters.

	N			E	W	M	H
O	I			W	E		T
E		M	T				N
T	O			H	N		
				M	T	O	I
	M	N	T			E	
	S	O	W	M	T		
W			S		M	T	O
	H	O	E				W

LETTERS FOR THIS PUZZLE
N W S T H M O I E

Puzzle #68—What words can you find? Put them here.

TOTAL =

———

Puzzle #69—Find your missing letters.

D	I				Y	O	N	R
T	A			N	R	L		
		O	D	I				T
A	Y			L				O
	O				A	N		
			R	O	N	Y		
			A	R	T	D		
Y	T		L				R	N
L				Y	I		O	A

LETTERS FOR THIS PUZZLE
L T R D N Y O I A

Puzzle #69—What words can you find? Put them here.

TOTAL =

_____

Puzzle #70—Find your missing letters.

R	C			I	S	A		
		O	C		P	R		I
		N	T				S	C
N					A	T		
		S	R	T				A
C				P	O		I	
T	I				N	C	A	
O			A	S				T
A	S			R	T	P		N

LETTERS FOR THIS PUZZLE
C P T R N S O A I

Puzzle #70—What words can you find? Put them here.

TOTAL =

———

Puzzle #71—Find your missing letters.

		R	E	I			D	N
E	N				S	I	T	
D		I	T			W	O	
I		D	O	W				
O					I	N	W	D
	T		D	S	E	R		
	I			E	D	O		
					W	T		I
W	O			R			E	S

LETTERS FOR THIS PUZZLE
W S T R N D E I O

Puzzle #71—What words can you find? Put them here.

TOTAL =
_____

Puzzle #72—Find your missing letters.

		O			S	L	P	T
N	L				T	E		
	D			P				O
	T	N	S	L				P
		A			P	T		
L					O	D	A	N
O		E	T				D	
		D	P					
P				O	D			E

LETTERS FOR THIS PUZZLE
S T N D P L A O E

Puzzle #72—What words can you find? Put them here.

TOTAL =

———

Puzzle #73—Find your missing letters.

N	T			E	L			B
E	L							C
		O	T	N		E	R	
		L	C	R			B	
R	N				O	C	E	
C	O				A	L		R
L	E			O	R	B		T
		T	E					O
O				C	T			E

LETTERS FOR THIS PUZZLE
C N T R B L O A E

Puzzle #73—What words can you find? Put them here.

TOTAL =

_____

Puzzle #74—Find your missing letters.

		E	L				O	T
T	O				E	A	L	
	A		T	S				
		T	S		N	R		O
					R	L		N
S	R			L	U		E	
N		U	A	E	L		R	
		A			S		T	
		R	N	U				L

LETTERS FOR THIS PUZZLE
N T R L S A U E O

Puzzle #74—What words can you find? Put them here.

TOTAL =

———

Puzzle #75—Find your missing letters.

B	I			R				E
D				E	O		N	
		L	N			R	S	
	B	I	R				O	
	L				B	E	R	I
O	R			I	L	S		
R		B	E	L				O
		O	B				E	S
		S	I		B			

LETTERS FOR THIS PUZZLE
D S R N B L I O E

Puzzle #75—What words can you find? Put them here.

TOTAL =

———

Puzzle #76—Find your missing letters.

E				R	L	O	T	N
L					O	M	E	
	T	N	E				A	
S				E	A	T	O	
		O						A
M				N	T	S		E
A			T	S	R	N		L
R	L							O
N					O	E	A	

LETTERS FOR THIS PUZZLE
R N S T L M E O A

Puzzle #76—What words can you find? Put them here.

TOTAL =

———

Puzzle #77—Find your missing letters.

		C	O				A	S
		R	C				O	N
T			A	D	N	C		
O	S				T	A	G	C
	T	A	S	C				D
					D	O		
	N	O	D				T	R
R	C				S	N		
S				N	A			O

LETTERS FOR THIS PUZZLE
D G S N C T R A O

Puzzle #77—What words can you find? Put them here.

TOTAL =

_____

Puzzle #78—Find your missing letters.

M	R				S	T		A
E					T	B		
		B	L		R			
I	T			S	L			
		L	T				A	S
S				B	A	I		L
R	B				E	A		T
		E	R		M	L		B
		T	I				M	R

LETTERS FOR THIS PUZZLE
L M T S R B I A E

Puzzle #78—What words can you find? Put them here.

TOTAL =

_____

Puzzle #79—Find your missing letters.

	E	H	A				C	R
	O		R		K	E		
	C				E	L		
O	H			K	R	W		
E	K	W		H			O	C
		C	E				K	A
		E	O				L	K
		O	K	E				
H	L				C	O	R	

LETTERS FOR THIS PUZZLE
W R K C H L O A E

Puzzle #79—What words can you find? Put them here.

TOTAL =

———

Puzzle #80—Find your missing letters.

A				N			T	R
	G				T		I	
	R	T		A	I		O	
U	T	O		G	A		R	
R						T	G	A
		G	R	T	H			O
			G	H	O			U
	U		T					
G	O				R	I	H	

LETTERS FOR THIS PUZZLE
T N G H R O I A U

Puzzle #80—What words can you find? Put them here.

TOTAL =

———

Puzzle #81—Find your missing letters.

F	C		W	I				A
	R		D				I	
	D	W			A	R	B	
	I	D	C	F	W	A	R	B
R				E				W
B		C	R	A				I
C		A			I	F		
D	B				C	I	A	
		I	A				C	R

LETTERS FOR THIS PUZZLE
F D B C R W E A I

Puzzle #81—What words can you find? Put them here.

TOTAL =

‾‾‾‾‾

Puzzle #82—Find your missing letters.

O	C			U	E	T	S	R
		S	T					
	R	T	N					
	H			C	S	E		T
R	U				T		H	O
		E	O	R			U	
		H	R	T		C	N	
C				E	U	O		
T	O		C					S

LETTERS FOR THIS PUZZLE
R T N S H C E U O

Puzzle #82—What words can you find? Put them here.

TOTAL =

_____

Puzzle #83—Find your missing letters.

N	I	D	O	A			R	C
				I				
T		Y			D	A	N	
Y		O	A	D	R	I		
	A	N	C					
	D			Y		R	A	O
I				N	O	C		
O			D	R			I	T
D	N				A	O		R

LETTERS FOR THIS PUZZLE
D C T N R Y I A O

Puzzle #83—What words can you find? Put them here.

TOTAL =

———

Puzzle #84—Find your missing letters.

A			I	N				S
T					S	N	I	A
		I	M	A			D	
		N	D				S	
	T			M	I	A	N	
I	A			T				D
R	S			I				M
				R		S		I
O	I				M	D	R	

LETTERS FOR THIS PUZZLE
S T R M D N O A I

Puzzle #84—What words can you find? Put them here.

TOTAL =

_____

Puzzle #85—Find your missing letters.

H			I	T		A	E	R
	L							M
	E						L	
	R			M	H	I	T	
L		H	N		I	M	A	
M		I	T					L
E				H	T			A
T	A				N			H
		R	A	I			M	

LETTERS FOR THIS PUZZLE
H M T L N R E A I

Puzzle #85—What words can you find? Put them here.

TOTAL =

_____

Puzzle #86—Find your missing letters.

	W				O	T	N	D
	T	O			I	G	W	
G			W	N	T			
A	O		R	T			D	
	G		A	D			R	I
		N				W		T
		G				R		O
W		T		I	D	A		N
O			N	G			T	

LETTERS FOR THIS PUZZLE
W R N G T D A I O

Puzzle #86—What words can you find? Put them here.

TOTAL =

_____

Puzzle #87—Find your missing letters.

S				N			R	L
L		E	O		S	A	T	I
	R		I		L			
	L		R		N			
	T			S			N	
E		N		I		L	O	R
		T	A	E		N		S
N		L			R	E		
I				L	O	R		

LETTERS FOR THIS PUZZLE
L T R N S A E I O

Puzzle #87—What words can you find? Put them here.

TOTAL =
_____

Puzzle #88—Find your missing letters.

R	C				T	S	O	D
	S	E	O			M		
			A	C	S	E		R
A	D		M	T	R	O		C
M						A	S	T
		T	S	A		R	D	
		M	R	E	C	D		
		C	D					
S			T			C	R	E

LETTERS FOR THIS PUZZLE
M S T R C D A E O

Puzzle #88—What words can you find? Put them here.

TOTAL =

———

Puzzle #89—Find your missing letters.

E	H				M	N	R	
		S			R			
		R	O	N	S		H	E
	R				H	M	O	N
O				S		R	E	
C	E	N	M	R				
A	N		S	O	C	H	M	
	O		N				C	A
		C	R				N	O

LETTERS FOR THIS PUZZLE
R H N S C M O A E

Puzzle #89—What words can you find? Put them here.

TOTAL =
_____

Puzzle #90—Find your missing letters.

A			X	I			B	G
	O	B	R	G				M
	I				B	R	N	
	B	X	A	M			R	
O			N					
N			G	O	R	X		B
R			B	N	A	M		I
I	X				G	B		
		N	I				G	R

LETTERS FOR THIS PUZZLE
M G N B X R A O I

Puzzle #90—What words can you find? Put them here.

TOTAL =

——

Puzzle #91—Find your missing letters.

		E	M				U	R
	H				U	T		
	U	O	T	E		C		M
	L	M		O	R	H		T
		C	E					L
U				C	M	E	R	
C					T	R	E	
H	O			U				
		R	H	M				U

LETTERS FOR THIS PUZZLE
L T H M C R U E O

Puzzle #91—What words can you find? Put them here.

TOTAL =

_____

Puzzle #92—Find your missing letters.

D	W			L		S	G
I			G	W	O		
M			D	O	W		
L	I	D	G	M			O
	G		O			L	I
	O						M
	L		I	M	G		A
	A	D				I	
G	D			A	M	O	

LETTERS FOR THIS PUZZLE
W S D M L G I O A

Puzzle #92—What words can you find? Put them here.

TOTAL =

_____

Puzzle #93—Find your missing letters.

		E		I	R		T	N
L		T		E				I
I		N	M			L		S
M		S	T	L		N		A
N	T				M	E		
	L			N	I	M	S	
	N	I	E				L	
	E	L	N	R				
R					L	T	N	E

LETTERS FOR THIS PUZZLE
L S R T N M A E I

Puzzle #93—What words can you find? Put them here.

TOTAL =

———

Puzzle #94—Find your missing letters.

I	N		M	R			E	A
W					N	M		G
		E			I	T		
G		W	T		A	R		
M	T			E	R	A	G	
		N	I	M				W
		M	R		W	N	A	
		A	N		E			M
N			A				W	E

LETTERS FOR THIS PUZZLE
T M G N W R I E A

Puzzle #94—What words can you find? Put them here.

TOTAL =

———

Puzzle #95—Find your missing letters.

W				E	M	O	I	R
	I	R	O	F				W
	O			R	I	D	F	M
	W				F	M	D	E
F	R		E		W	I		
E		I	M			R		
		W	D				E	
		O	F	M			R	
D	E			I	W			O

LETTERS FOR THIS PUZZLE
F R D M W S E O I

Puzzle #95—What words can you find? Put them here.

TOTAL =

_____

Puzzle #96—Find your missing letters.

M	A				E	L	I	
O			R	A		W		
		W	I	L		A	R	M
W	R	A				I	O	S
		E	A	O	I		M	
			R					
	O	M	L				E	
R			M	S	A	O		L
L	W				R	M		I

LETTERS FOR THIS PUZZLE
M L W R S E I O A

Puzzle #96—What words can you find? Put them here.

TOTAL =

_____

Puzzle #97—Find your missing letters.

B	N				M			E
	R			T	I	B	F	A
		T	R	B				N
		F	T			M	I	B
R				M	N			
T	M	B	E	I			A	R
I	A							F
			I	N	A	E		M
M	B				T	A	N	I

LETTERS FOR THIS PUZZLE
F B R M N T I E A

Puzzle #97—What words can you find? Put them here.

TOTAL =

_____

Puzzle #98—Find your missing letters.

N	P				S	R	D	T
		D	T	O				
E				P		O	I	
O				R	P	T		
	R	N	E					O
	S				I		R	E
D	E				O	N	T	R
		I	R	T				
R				S	E	I	O	

LETTERS FOR THIS PUZZLE
P R S D N T E I O

Puzzle #98—What words can you find? Put them here.

TOTAL =

_____

Puzzle #99—Find your missing letters.

R	A	N	T				W	O
		O			N	T	I	A
	T	I	A	O				
T					A	H	N	
		H	G	W		O		
	R					A		
	O	R	H			I		
		A	I		O	W	G	R
I			W	A			O	H

LETTERS FOR THIS PUZZLE
W N R G H T O A I

Puzzle #99—What words can you find? Put them here.

TOTAL =

———

Puzzle #100—Find your missing letters.

N	B				A	R		
	W				B		N	T
		O	N	T			B	I
		M		N	O	I	A	B
O				I				
I	T		B		M	W		
	N		M		I	O		
	O				T	B		N
B		W	R				M	A

LETTERS FOR THIS PUZZLE
B T W N R M I A O

Puzzle #100—What words can you find? Put them here.

TOTAL =

——

END OF PUZZLES!

ANSWERS

Letter and Word Answers
for each puzzle

Puzzle #1—Letter Answers

S	I	M	A	L	E	T	F	R
F	L	R	T	I	M	S	E	A
E	T	A	S	F	R	M	I	L
L	R	E	I	S	T	F	A	M
A	S	T	M	E	F	L	R	I
I	M	F	R	A	L	E	S	T
T	A	S	F	M	I	R	L	E
M	F	L	E	R	A	I	T	S
R	E	I	L	T	S	A	M	F

LETTERS FOR THIS PUZZLE
S M L T F R A E I

Puzzle #1—Word answers

ARE	MAST	SAT	MALE
SEA	ITS	RIM	AIR
SAIL	SEA	TEA	ALE
MAST	MITE	MIT	
AWE	SET		

TOTAL = 17

———

Puzzle #2—Letter Answers

M	L	I	G	A	R	O	E	F
F	R	G	E	O	L	M	A	I
O	E	A	M	F	I	L	R	G
R	O	L	F	I	G	E	M	A
E	I	F	R	M	A	G	O	L
G	A	M	L	E	O	F	I	R
L	M	R	I	G	E	A	F	O
I	F	O	A	L	M	R	G	E
A	G	E	O	R	F	I	L	M

LETTERS FOR THIS PUZZLE
M L G R F O E I A

Puzzle #2—Word answers

ROE	GEO	FIG	LOG
MAG	FOAL	AGE	ROE
FILM	ROE	EAR	ARM
FAR	FLAG	ROE	FOR
MAG	FIG	GEM	RIG

TOTAL = 20

―――

Puzzle #3—Letter Answers

L	N	T	E	S	A	Y	R	M
M	A	E	Y	R	N	L	T	S
S	Y	R	M	L	T	N	E	A
T	M	L	A	N	Y	R	S	E
A	E	N	S	M	R	T	L	Y
Y	R	S	L	T	E	M	A	N
E	L	Y	R	A	M	S	N	T
R	T	A	N	Y	S	E	M	L
N	S	M	T	E	L	A	Y	R

LETTERS FOR THIS PUZZLE
L N S R M Y A E T

Puzzle #3—Word answers

SAY	SET	MAN	MARY
ANY	ALE	STAY	MAY
ANT	SEA	SET	ANY
LAY	NAY	AYE	TAN
TAN	ANY		

TOTAL = 18

Puzzle #4—Letter Answers

W	O	L	E	T	N	R	S	I
I	N	E	R	S	O	W	L	T
T	R	S	I	W	L	O	E	N
L	I	W	N	O	R	S	T	E
N	E	O	T	I	S	L	W	R
R	S	T	W	L	E	I	N	O
E	W	R	S	N	I	T	O	L
S	L	N	O	R	T	E	I	W
O	T	I	L	E	W	N	R	S

LETTERS FOR THIS PUZZLE
R S T L N W E I O

Puzzle #4—Word answers

WIT	LET	TOE	SIT
LOT	RENT	LET	SOW
TOW	LIT	SOW	LORE
SLIT	TEN	NET	TIE
ORE	LOW	NOR	TILE
OIL	TIES	NOR	SOW

TOTAL = 24

Puzzle #5—Letter Answers

G	N	A	E	W	I	R	T	F
W	E	F	R	N	T	I	G	A
R	I	T	A	G	F	W	E	N
F	T	N	G	R	A	E	W	I
E	A	W	I	T	N	G	F	R
I	G	R	F	E	W	A	N	T
N	F	I	W	A	E	T	R	G
A	R	E	T	F	G	N	I	W
T	W	G	N	I	R	F	A	E

LETTERS FOR THIS PUZZLE
W N T F G R A E I

Puzzle #5—Word answers

FEW	FAN	TAG	NEW
WIT	WANT	TEA	ARE
WING	RING	TAN	TAG
ARE	FIG	TEA	FAN
AIR	EAR	FEW	WEAR
TAG	AGE		

TOTAL = 22

Puzzle #6—Letter Answers

G	A	S	L	E	R	N	T	M
L	T	M	A	N	G	E	R	S
N	R	E	M	T	S	A	L	G
S	N	R	T	M	L	G	E	A
T	E	A	G	R	N	M	S	L
M	L	G	S	A	E	R	N	T
E	S	L	R	G	M	T	A	N
A	M	N	E	L	T	S	G	R
R	G	T	N	S	A	L	M	E

LETTERS FOR THIS PUZLE
M G N L T S R E A

Puzzle #6—Word answers

GAS	MAN	ANGER	ANGERS
LAST	TEA	TAN	GAL
GAR	RAG	RAG	ARM
MEN	NAG	EAR	GAR

TOTAL = 16

Puzzle #7—Letter Answers

A	E	F	L	N	S	I	T	G
I	N	T	G	E	F	S	A	L
L	S	G	I	T	A	N	E	F
G	A	N	S	F	T	L	I	E
F	I	L	E	G	N	A	S	T
E	T	S	A	I	L	G	F	N
T	F	I	N	A	G	E	L	S
N	L	E	F	S	I	T	G	A
S	G	A	T	L	E	F	N	I

LETTERS FOR THIS PUZZLE
T S F N L G A I E

Puzzle #7—Word answers

TAG	FELT	NAG	TAN
FAT	NET	TEN	SEA
ACT	AIL	EAT	SIT
LIE	FILE	SAIL	FIN
SIT	SANG	LEG	AGE
GET	AGE	NAG	

TOTAL = 23

———

Puzzle #8—Letter Answers

S	R	I	M	D	E	N	V	O
E	O	M	V	N	R	I	D	S
V	N	D	I	S	O	M	E	R
O	M	N	E	I	V	S	R	D
D	V	S	R	M	N	O	I	E
R	I	E	S	O	D	V	M	N
M	D	R	N	V	S	E	O	I
I	S	O	D	E	M	R	N	V
N	E	V	O	R	I	D	S	M

LETTERS FOR THIS PUZZLE
D R V S M N O I E

Puzzle #8—Word answers

RIM	RIG	DEN	SAD
DOSE	SOD	MED	OVEN
RID	DOVE	DOVES	OVER
MOVER	OVER	MIRE	DEN
VINE	ORE	ORES	RED

TOTAL = 20

———

Puzzle #9—Letter Answers

G	O	E	N	A	R	L	F	S
L	N	F	O	E	S	R	A	G
R	S	A	G	L	F	E	O	N
F	E	N	L	R	G	A	S	O
S	A	G	E	N	O	F	L	R
O	R	L	F	S	A	N	G	E
N	G	R	A	O	L	S	E	F
E	L	O	S	F	N	G	R	A
A	F	S	R	G	E	O	N	L

LETTERS FOR THIS PUZZLE
R L N F G S A E O

Puzzle #9—Word answers

SON	FAN	RAN	GOAL
FEAR	FOE	RAG	GAR
GARS	GAS	GAS	GAS
SANG	SAFE	SAGE	FANG
ONE	FOES	NOR	EON
SOLE	ORE	EAR	EON

TOTAL = 24

Puzzle #10—Letter Answers

W	S	R	G	A	O	E	L	N
A	O	N	L	S	E	G	W	R
E	G	L	R	W	N	O	S	A
O	W	G	N	E	L	A	R	S
R	L	S	A	O	W	N	E	G
N	A	E	S	R	G	W	O	L
L	R	W	E	N	A	S	G	O
S	E	A	O	G	R	L	N	W
G	N	O	W	L	S	R	A	E

LETTERS FOR THIS PUZZLE
W L R N S G A E O

Puzzle #10—Word answers

SON	RALE	OWN	SEAN
LOW	SANE	SEA	NOW
EAR	EARS	WON	OWE
LOW	GROW	GAR	RAG
GARS	WOE	WOES	ARE
ROE	SEW		

TOTAL = 22

———

Puzzle #11—Letter Answers

E	N	I	S	P	O	T	R	L
T	S	O	R	N	L	I	E	P
P	R	L	E	I	T	S	O	N
N	E	S	I	O	P	R	L	T
O	I	R	L	T	E	N	P	S
L	P	T	N	S	R	O	I	E
I	T	E	O	L	S	P	N	R
S	L	N	P	R	I	E	T	O
R	O	P	T	E	N	L	S	I

LETTERS FOR THIS PUZZLE
P R S T L N E O I

Puzzle #11—Word answers

SIN	POT	SPOT	LIE
SON	TEN	PIE	ORE
TEN	SILO	PIER	PIERS
NET	TEN	LIE	NET
TOP	SIN	NOPE	SIT
PIN	REST		
NET			

TOTAL = 24

———

Puzzle #12—Letter Answers

T	S	E	R	N	D	L	A	I
N	I	R	L	A	S	D	T	E
L	A	D	I	E	T	S	N	R
I	E	A	S	D	R	N	L	T
R	T	L	A	I	N	E	D	S
S	D	N	T	L	E	I	R	A
A	R	I	D	S	L	T	E	N
D	N	T	E	R	I	A	S	L
E	L	S	N	T	A	R	I	D

LETTERS FOR THIS PUZZLE
T R S L N D E A I

Puzzle #12—Word answers

REST	LAD	DIET	DIETS
DENIAL	RAT	TAR	TEN
NET	AIR	SAD	ADE
TEA	LAD	TIN	SAT
DEN	IDEA	AIL	RAT
TAR	RID	RID	DEN
IRE			

TOTAL = 25

Puzzle #13—Letter Answers

W	E	N	O	I	D	T	R	S
R	O	D	S	T	N	E	W	I
S	I	T	E	R	W	D	N	O
D	W	I	R	N	T	S	O	E
O	N	E	I	D	S	R	T	W
T	R	S	W	O	E	I	D	N
I	S	O	T	W	R	N	E	D
E	D	R	N	S	O	W	I	T
N	T	W	D	E	I	O	S	R

LETTERS FOR THIS PUZZLE
T N W R D S I O E

Puzzle #13—Word answers

ROD	RODS	NEW	WENT
SIT	ONE	WOE	SOT
DEN	SOW	DOT	TIE
WIRE	DIE	TIE	TIES
ROSE	TON	REST	NEW
WIRES		NOT	ONE

TOTAL = 23

_____

Puzzle #14—Letter Answers

R	M	N	S	A	E	T	I	D
I	S	E	D	T	N	M	R	A
D	A	T	M	I	R	E	N	S
E	R	A	I	N	T	D	S	M
S	N	M	A	E	D	I	T	R
T	I	D	R	S	M	A	E	N
A	D	S	T	R	I	N	M	E
M	E	I	N	D	S	R	A	T
N	T	R	E	M	A	S	D	I

LETTERS FOR THIS PUZZLE
T N R S M D A E I

Puzzle #14—Word answers

RIDES	ARM	ERA	RAIN
TIDE	DIT	RAT	TAR
TARS	SAME	ATE	RIDE
MAT	DIN	IDES	TEN
NET	MATE	SIR	ART
MEDIA	MAT	MAD	DAM
SAD	NET	TEN	TIN
TEA			

TOTAL = 29

Puzzle #15—Letter Answers

G	A	M	R	I	E	T	L	S
E	R	L	S	T	M	G	I	A
T	I	S	G	L	A	M	R	E
I	E	R	L	M	S	A	T	G
M	L	T	E	A	G	I	S	R
S	G	A	I	R	T	L	E	M
A	M	I	T	E	R	S	G	L
L	S	E	A	G	I	R	M	T
R	T	G	M	S	L	E	A	I

LETTERS FOR THIS PUZZLE
R S T M G L E A I

Puzzle #15—Word answers

SIT	SAT	TEA	MARE
AIR	MITE	GET	MAIL
SEA	RIG	RAM	
TIE	MAT	ARE	
SAME	MITE		

TOTAL = 16

———

Puzzle #16—Letter Answers

S	L	O	N	T	A	R	E	Y
A	T	R	E	O	Y	S	N	L
E	N	Y	L	R	S	T	O	A
T	O	E	Y	S	L	A	R	N
N	A	L	R	E	O	Y	T	S
Y	R	S	A	N	T	E	L	O
L	Y	T	O	A	E	N	S	R
R	S	A	T	L	N	O	Y	E
O	E	N	S	Y	R	L	A	T

LETTERS FOR THIS PUZZLE
T L S R N Y E A O

Puzzle #16—Word answers

ARE	TAR	TOE	LET
ANT	SAT	TEA	TAN
ONE	SLOT	NET	STAY
LONE	NOR	SORE	TEAS
LOT	TEN	NET	LANES
LANE	ROT	ONE	OAR
ORE	OAR	AYE	

TOTAL = 27

Puzzle #17—Letter Answers

R	G	I	M	A	T	D	E	N
T	A	D	E	I	N	R	M	G
E	M	N	G	D	R	A	I	T
A	I	E	N	R	G	T	D	M
M	T	G	D	E	I	N	A	R
N	D	R	T	M	A	E	G	I
G	N	A	I	T	E	M	R	D
D	R	T	A	G	M	I	N	E
I	E	M	R	N	D	G	T	A

LETTERS FOR THIS PUZZLE
D R G M N T A E I

Puzzle #17—Word answers

MAT	RAN	ITEM	TAG
MINE	TEA	TEAM	RAT
TAR	END	AID	RAT
MEN	DEN	GAD	IDEA
TAD	RID	MIT	GEM
TAR	DIME		

TOTAL = 22

Puzzle #18—Letter Answers

N	I	S	P	R	L	T	E	O
P	L	O	T	N	E	S	R	I
R	E	T	S	I	O	P	N	L
S	R	E	O	P	I	L	T	N
O	N	I	R	L	T	E	P	S
T	P	L	E	S	N	I	O	R
E	O	N	I	T	S	R	L	P
L	S	P	N	E	R	O	I	T
I	T	R	L	O	P	N	S	E

LETTERS FOR THIS PUZZLE
S P R L N T I O E

Puzzle #18—Word Answers

SIN	LOT	LIE	REIN
SORE	PIN	SILO	OIL
EON	LOP	PET	ORE
IRON	LET	POST	PLOT
SENT	NOR	ORE	NIP

TOTAL = 20

Puzzle #19—Letter Answers

S	M	W	A	F	R	T	O	E
A	R	E	T	S	O	W	F	M
F	O	T	W	M	E	A	S	R
W	F	O	E	A	M	R	T	S
E	S	M	F	R	T	O	A	W
T	A	R	O	W	S	M	E	F
O	E	S	M	T	W	F	R	A
R	W	A	S	O	F	E	M	T
M	T	F	R	E	A	S	W	O

LETTERS FOR THIS PUZZLE
W M F R S T A E O

Puzzle #19—Word answers

WET	FOR	WET	MOTE
FEW	RAM	TOE	ROE
WAR	RAW	FAT	TOE
ARE	SOW	FOE	TAR
RAT	ROW	WAS	SAW
ROT	EAT	EATS	ROWS

TOTAL = 24

Puzzle #20—Letter Answers

R	A	S	M	E	F	O	W	T
M	W	F	O	T	S	E	R	A
T	E	O	R	A	W	S	M	F
A	F	M	T	W	O	R	E	S
E	O	R	S	M	A	T	F	W
W	S	T	E	F	R	M	A	O
S	T	A	W	R	E	F	O	M
F	M	E	A	O	T	W	S	R
O	R	W	F	S	M	A	T	E

LETTERS FOR THIS PUZZLE
W F R S M T E A O

Puzzle #20—Word answers

ARE	ROE	WAR	TWO
ORE	ROE	MAT	MATE
ATE	SWEAT	AWE	EAT
WEST	ERA	ATE	ARE
FAT	TWO	RAW	TAM
MOW	EAT	FEW	AWE

TOTAL = 24

Puzzle #21—Letter Answers

N	P	O	S	R	A	I	W	T
S	W	A	I	T	O	R	N	P
T	R	I	N	P	W	O	S	A
P	A	S	T	W	I	N	R	O
R	I	N	O	S	P	T	A	W
W	O	T	R	A	N	S	P	I
O	T	P	W	N	R	A	I	S
A	S	R	P	I	T	W	O	N
I	N	W	A	O	S	P	T	R

LETTERS FOR THIS PUZZLE
W N R S T P A O I

Puzzle #21—Word Answers

PAST	RAP	RAPS	SIN
PAR	PARS	TWIN	SAW
WAS	TOW	ROT	SON
ROT	TORN	SOW	IRON
NOW	WON	PIT	WAIT
RAN	TWO	NOR	TIP

TOTAL = 24

Puzzle #22—Letter Answers

N	S	I	T	O	R	D	M	E
T	E	D	S	M	I	O	N	R
M	O	R	E	N	D	I	S	T
R	M	O	I	E	N	T	D	S
S	I	T	R	D	O	N	E	M
E	D	N	M	S	T	R	O	I
I	N	E	D	R	M	S	T	O
O	R	M	N	T	S	E	I	D
D	T	S	O	I	E	M	R	N

LETTERS FOR THIS PUZZLE
N M R D S T O E I

Puzzle #22—Word Answers

ROT	SIT	MORE	TOE
DIE	DEN	RID	DONE
DIES	MID	DIM	MEN
MENTOR	DEN	TON	ION
NOT	ROT	END	SIT
ONE	ORE		

TOTAL = 22

Puzzle #23—Letter Answers

T	O	G	N	I	M	S	A	R
N	R	S	O	A	G	I	T	M
A	I	M	R	T	S	G	O	N
M	A	I	G	R	T	N	S	O
O	G	N	M	S	I	T	R	A
R	S	T	A	O	N	M	I	G
G	T	R	S	M	A	O	N	I
I	M	A	T	N	O	R	G	S
S	N	O	I	G	R	A	M	T

LETTERS FOR THIS PUZZLE
T M R S N G I A O

Puzzle #23—Word answers

AIM	RAM	MAR	NOR
MAN	ROMAN	OAR	GRAM
RING	GOT	ART	MAT
ANT	MINT	MAST	TIN
GIST	SIGN	NOR	SIT
TAM	AIR		

TOTAL = 22

Puzzle #24—Letter Answers

T	B	M	A	I	O	S	W	R
R	I	A	S	W	T	M	B	O
O	W	S	M	B	R	A	T	I
I	O	B	W	S	M	T	R	A
M	A	T	O	R	B	W	I	S
S	R	W	T	A	I	O	M	B
W	S	I	R	T	A	B	O	M
B	T	O	I	M	S	R	A	W
A	M	R	B	O	W	I	S	T

LETTERS FOR THIS PUZZLE
T M B R S W O A I

Puzzle #24—Word Answers

TOW	RIB	RAT	TAR
MAT	BOW	RIM	AIR
RAT	TAR	BRAT	MAT
ROT	BAT	TAB	WAR
RAW	WARS	BOW	TWO
TAMS	TRIM	TAM	OAR
OARS	MOB	SIR	ART
TAM			

TOTAL = 29

Puzzle #25—Letter Answers

A	G	R	N	E	T	S	I	O
T	I	O	R	G	S	A	E	N
S	E	N	O	I	A	G	T	R
N	O	I	E	A	G	R	S	T
E	S	A	T	R	N	O	G	I
G	R	T	I	S	O	E	N	A
R	T	S	G	O	I	N	A	E
O	N	G	A	T	E	I	R	S
I	A	E	S	N	R	T	O	G

LETTERS FOR THIS PUZZLE
T N R S G A E I O

Puzzle #25 Word Answers

TEN	NET	NETS	ION
SAT	GATE	TAG	GOT
NEGRO	ANT	ROE	GAS
STAIN	ROE	RAN	TIN
GAS	NOR	SEA	ATE
SAG	SAG	SEA	ION
ION			

TOTAL = 25

Puzzle #26—Letter Answers

S	O	I	N	G	R	D	E	T
N	G	D	E	I	T	R	S	O
E	T	R	O	S	D	G	N	I
O	N	S	T	E	G	I	D	R
D	R	G	S	O	I	E	T	N
T	I	E	D	R	N	S	O	G
G	S	T	R	N	E	O	I	D
R	E	N	I	D	O	T	G	S
I	D	O	G	T	S	N	R	E

LETTERS FOR THIS PUZZLE
D N G R S T I E O

Puzzle #26—Word Answers

DIG	GET	TIED	DOT
DOG	GOD	DOE	RISE
SIR	GET	RIG	TOE
ROE	GIN	RIOT	DINE
DOE	SORT	TIE	TIED
DIN	DINER		

TOTAL = 22

Puzzle #27—Letter Answers

G	R	I	L	N	A	T	M	E
E	M	N	T	G	R	I	A	L
T	L	A	I	E	M	R	G	N
L	G	T	A	I	N	E	R	M
A	I	M	E	R	L	N	T	G
N	E	R	G	M	T	L	I	A
I	T	L	M	A	E	G	N	R
R	A	G	N	L	I	M	E	T
M	N	E	R	T	G	A	L	I

LETTERS FOR THIS PUZZLE
T N L M R G I A E

Puzzle #27 Word Answers

TAN	LAIR	RAG	GAR
MET	GAL	GET	TAN
MALT	TAN	ARM	RAG
GAR	LAG	ATE	TIN
TIRE	ART	AIL	LIME
IRE	TINE	AIM	AIR

TOTAL = 24

———

Puzzle #28—Letter Answers

E	I	S	A	T	L	R	M	G
A	T	R	M	S	G	L	E	I
M	G	L	I	E	R	T	A	S
I	A	E	G	M	T	S	R	L
R	L	T	E	I	S	M	G	A
G	S	M	R	L	A	E	I	T
T	E	G	L	A	M	I	S	R
L	M	A	S	R	I	G	T	E
S	R	I	T	G	E	A	L	M

LETTERS FOR THIS PUZZLE
R S T L M G A E I

Puzzle #28—Word Answers

SAT	GET	RIG	SAT
RIM	GRIM	LET	SLAG
GAL	LAG	GIST	LIME
LIMES	MAST		EAR
SLAT	TIE		

TOTAL = 17

Puzzle #29—Letter Answers

I	M	T	L	A	F	G	E	S
E	S	G	I	M	T	A	L	F
L	F	A	E	G	S	T	I	M
A	I	S	M	E	G	F	T	L
M	E	L	F	T	I	S	A	G
T	G	F	A	S	L	I	M	E
S	A	E	T	F	M	L	G	I
G	L	M	S	I	A	E	F	T
F	T	I	G	L	E	M	S	A

LETTERS FOR THIS PUZZLE
M G L F S T I E A

Puzzle #29—Word Answers

FLAT	MIT	FLEM	SIT
SAG	LIME	MALE	ALE
LAG	GAL	GAS	SAG
LIE	FAT	GET	FALT
TAG	TILE	MAT	LIT
MITS	GAS	GEM	GEMS
TEA	TIE		

TOTAL = 26

Puzzle #30—Letter Answers

G	A	B	R	M	F	W	E	I
R	M	E	W	B	I	G	A	F
I	F	W	G	E	A	B	M	R
E	R	I	M	F	G	A	B	W
B	W	F	E	A	R	I	G	M
A	G	M	B	I	W	R	F	E
F	B	R	A	W	E	M	I	G
W	I	A	F	G	M	E	R	B
M	E	G	I	R	B	F	W	A

LETTERS FOR THIS PUZZLE
B F R M W G E A I

Puzzle #30—Word Answers

BAG	EAR	RIM	MIRE
BIG	FEAR	RIG	WAR
RAW	GEM	GEM	WEB
RAG	RIG	BAG	GAB
AWE	FIR		BRIG
BRA			

TOTAL = 20

Puzzle #31—Letter Answers

M	R	F	G	I	A	T	W	E
A	E	I	W	T	R	M	F	G
G	T	W	E	M	F	I	A	R
R	M	E	T	F	G	A	I	W
I	W	A	R	E	M	G	T	F
F	G	T	I	A	W	E	R	M
W	A	G	M	R	I	F	E	T
E	I	R	F	G	T	W	M	A
T	F	M	A	W	E	R	G	I

LETTERS FOR THIS PUZZLE
W R F G M T A E I

Puzzle #31—Word Answers

WARE	MET	WAR	RAW
ARE	WAIT	AWE	WAG
FIRM	AWE	WET	TRIM
FEAR	WIT	AGE	EAT
RIM	FIR	EAR	AIM
FIR	WET		

TOTAL = 22

—————

Puzzle #32—Letter Answers

A	I	B	T	F	E	M	R	G
T	F	R	G	M	B	A	E	I
M	E	G	R	I	A	F	T	B
R	B	F	I	E	T	G	M	A
G	M	E	F	A	R	B	I	T
I	T	A	M	B	G	E	F	R
F	G	T	A	R	M	I	B	E
B	A	M	E	T	I	R	G	F
E	R	I	B	G	F	T	A	M

LETTERS FOR THIS PUZZLE
T R B F G M A I E

Puzzle #32—Word Answers

GEM	FAIR	FIG	RAG
BEAM	BIG	EAT	FEAT
BIT	TAB	FAR	GAR
TAM	MAT	TAR	RAT
MET	ARM	MAT	TAM
RIB	BAT	BAT	GRIT
TAB	FIR		

TOTAL = 26

_____

Puzzle #33—Letter Answers

A	S	Y	P	E	M	R	L	I
L	E	P	R	I	A	S	M	Y
R	M	I	L	S	Y	A	P	E
E	A	L	S	M	P	Y	I	R
M	I	R	E	Y	L	P	S	A
Y	P	S	I	A	R	L	E	M
P	R	E	Y	L	I	M	A	S
I	Y	A	M	P	S	E	R	L
S	L	M	A	R	E	I	Y	P

LETTERS FOR THIS PUZZLE
P L R S M Y A E I

Puzzle #33—Word Answers

SLIM	ARE	PREY	MAY
YAM	MARE	SIP	PAY
LIP	SEA	SEAM	LAY
PLAY	MAY	ERA	SIR
SAY	SEA	SIP	MARE
RAM	RAMS	ARE	AIR
APE	RISE	EAR	ERA

TOTAL = 28

Puzzle #34—Letter Answers

M	I	F	R	S	A	T	E	W
A	T	E	F	W	I	R	M	S
S	R	W	T	M	E	I	F	A
I	F	T	A	E	R	W	S	M
R	M	A	S	I	W	E	T	F
W	E	S	M	T	F	A	R	I
E	S	M	W	A	T	F	I	R
F	W	I	E	R	S	M	A	T
T	A	R	I	F	M	S	W	E

LETTERS FOR THIS PUZZLE
W M F R S T A I E

Puzzle #34—Word Answers

SAT	WET	ATE	WET
FAR	RAFT	MAT	TAM
TAMS	FIR	TAR	SIR
FEW	SAT	RIM	RIMS
FEW	SAT	TAR	RAT
AIR	ATE	FIR	RAT
TIE	EAT		

TOTAL = 26

_____

Puzzle #35—Letter Answers

N	O	S	U	R	W	B	M	E
E	M	U	S	B	N	W	O	R
B	W	R	E	M	O	U	S	N
W	B	M	R	E	U	S	N	O
R	E	N	O	W	S	M	U	B
U	S	O	B	N	M	E	R	W
M	R	W	N	U	E	O	B	S
S	U	B	W	O	R	N	E	M
O	N	E	M	S	B	R	W	U

LETTERS FOR THIS PUZZLE
R M B W S N O U E

Puzzle #35—Word Answers

ROW	OWN	NOW	WORN
MEN	ONE	MEN	RUM
RUN	NOW	WON	BORE
RUN	WEB	BUS	SUB
USE	SUM	ONE	NURSE
ORE	SON	EON	ROB
WON	NOR	RUN	

TOTAL = 27

———

Puzzle #36—Letter Answers

G	E	S	I	R	L	D	N	A
N	I	D	S	A	E	R	G	L
R	L	A	D	N	G	I	S	E
L	S	I	A	D	N	G	E	R
E	R	N	G	L	S	A	I	D
A	D	G	E	I	R	S	L	N
D	A	E	N	S	I	L	R	G
I	N	L	R	G	D	E	A	S
S	G	R	L	E	A	N	D	I

LETTERS FOR THIS PUZZLE
N R L D G S I A E

Puzzle #36—Word Answers

RISE	SIGN	AGE	RAN
RIG	GAS	SIR	AND
DIN	SAT	AND	LEG
RID	AND	SET	LAD
LEAN	LEAD	LEG	ALE
LIE			

TOTAL = 21

Puzzle #37—Letter Answers

A	O	R	N	G	E	L	Y	D
E	L	Y	R	D	O	N	A	G
G	N	D	L	A	Y	O	R	E
O	R	L	E	Y	N	D	G	A
N	A	E	G	O	D	Y	L	R
D	Y	G	A	L	R	E	N	O
Y	G	A	D	E	L	R	O	N
R	D	O	Y	N	G	A	E	L
L	E	N	O	R	A	G	D	Y

LETTERS FOR THIS PUZZLE
D R N G L Y A E O

Puzzle #37—Word Answers

LAY	GOD	DOG	LAG
DAY	LEG	NAG	ORE
NOR	RAG	ONE	NOR
RAY	LEG	RAY	EAR
NOR	AGE	ARE	GRAY
GEAR	ONLY	GAL	GAR
RAG	GAR		

TOTAL = 26

Puzzle #38—Letter Answers

T	N	R	P	M	A	E	O	S
A	O	S	E	T	N	M	R	P
M	E	P	S	O	R	A	N	T
P	R	T	O	S	M	N	E	A
E	S	O	A	N	P	T	M	R
N	A	M	T	R	E	P	S	O
R	M	A	N	P	S	O	T	E
O	P	N	R	E	T	S	A	M
S	T	E	M	A	O	R	P	N

LETTERS FOR THIS PUZZLE
M N P R S T A E O

Puzzle #38—Word Answers

MAT	SET	RANT	ANT
MAN	MAST	STERN	MAN
STEM	PRO	PEN	MANE
MAN	PEST	ANT	NAME
MEN	PAT	PATS	RAT
TAM	SPERT	TAR	TAP
MET	PEA	OAT	

TOTAL = 27

———

Puzzle #39—Letter Answers

D	E	S	O	R	M	T	A	N
M	R	N	A	T	S	D	E	O
T	A	O	N	E	D	R	M	S
O	N	E	T	S	A	M	R	D
S	M	A	E	D	R	O	N	T
R	T	D	M	N	O	A	S	E
A	D	R	S	O	N	E	T	M
E	S	M	D	A	T	N	O	R
N	O	T	R	M	E	S	D	A

LETTERS FOR THIS PUZZLE
M D S N R T O E A

Puzzle #39—Word Answers

ROSE	TAN	ONE	OAT
ONE	TEN	NET	NETS
MAST	SON	TEN	NOT
TON	TAN	EAR	NEAR
RAN	MET	ARE	NOR
DOT	SON	ARM	MET
DOTS	ANT	SET	TAD
NET	NOR	NOR	EON

TOTAL = 36

Puzzle #40—Letter Answers

F	R	M	I	T	N	A	C	E
A	N	E	M	R	C	I	F	T
I	C	T	F	A	E	M	N	R
N	F	R	A	C	T	E	I	M
E	M	C	R	I	F	N	T	A
T	A	I	E	N	M	C	R	F
M	T	F	C	E	I	R	A	N
C	E	A	N	F	R	T	M	I
R	I	N	T	M	A	F	E	C

LETTERS FOR THIS PUZZLE
F R N C M T A E I

Puzzle #40—Word Answers

ATE	CAN	MEN	CAR
RAN	FAN	FAR	FARE
ARE	RIM	MAT	MEN
AIM	TAM	ANT	TIN
ART	ACT	NET	MATE
TRAM	MET	TIN	ACE
TEN	RAM	MART	CAR

TOTAL = 28

Puzzle #41—Letter Answers

N	E	R	T	A	M	L	O	S
O	A	M	S	R	L	T	E	N
L	T	S	O	E	N	R	M	A
R	S	N	A	L	E	O	T	M
T	M	L	R	O	S	N	A	E
A	O	E	M	N	T	S	R	L
S	L	A	E	T	R	M	N	O
M	R	O	N	S	A	E	L	T
E	N	T	L	M	O	A	S	R

LETTERS FOR THIS PUZZLE
R S T L N M E A O

Puzzle #41—Word Answers

MAT	TEN	NET	ERA
ALE	TEA	NOR	SAT
EAT	EATS	ARM	MEN
ARE	ART	TAR	RAT
NAME	NOR	TOLE	MAN
NEST	TAM	TOE	

TOTAL = 23

Puzzle #42—Letter Answers

E	A	I	S	H	N	R	C	D
S	C	R	I	D	E	A	H	N
D	N	H	A	C	R	E	S	I
A	S	N	H	E	C	D	I	R
R	H	C	D	A	I	S	N	E
I	D	E	N	R	S	H	A	C
N	R	A	C	S	D	I	E	H
C	E	S	R	I	H	N	D	A
H	I	D	E	N	A	C	R	S

LETTERS FOR THIS PUZZLE
D S R C H N I E A

Puzzle #42—Word Answers

ACRE	RID	DEN	CAR
DIE	HID	CAN	SIN
RAD	INCH	DEN	HIDE
HAS	RIDE	RID	SCAR
EAR	EARS	DEN	SHIN
DEAN	EAR	DEAR	SIN
CANE	IDEA	IRE	

TOTAL = 27

Puzzle #43—Letter Answers

H	E	T	S	G	N	R	U	O
U	G	N	O	H	R	S	T	E
R	S	O	U	T	E	N	G	H
S	U	E	T	R	G	H	O	N
N	T	G	H	S	O	U	E	R
O	H	R	E	N	U	T	S	G
T	O	H	R	E	S	G	N	U
G	R	U	N	O	T	E	H	S
E	N	S	G	U	H	O	R	T

LETTERS FOR THIS PUZZLE
H R N G T S E O U

Puzzle #43—Word Answers

TEN	TON	HOT	NET
NOTE	NOT	NOT	HUG
OUT	SOUTHERN	HUT	TONS
HORN	SOUTH	NUT	GOES
GUST	THORN	HER	OUT
OUR	THE	EON	GNU

TOTAL = 25

Puzzle #44—Letter Answers

M	W	E	L	N	R	T	O	S
S	R	L	T	O	W	M	E	N
N	T	O	S	M	E	W	L	R
E	S	M	R	W	T	O	N	L
R	L	W	N	S	O	E	M	T
T	O	N	M	E	L	S	R	W
L	M	T	O	R	S	N	W	E
O	E	R	W	T	N	L	S	M
W	N	S	E	L	M	R	T	O

LETTERS FOR THIS PUZZLE
T N R L S M W O E

Puzzle #44—Word Answers

TOW	NOT	TON	NOT
LEAN	ROT	LOW	WET
SLOT	WOE	MEN	MOLE
MOW	MEN	LOT	WOES
OWE	OMEN	TON	

TOTAL = 19

———

Puzzle #45—Letter Answers

L	A	P	M	R	E	T	S	Y
R	T	Y	S	A	P	E	M	L
M	E	S	T	Y	L	A	P	R
E	R	A	P	S	M	Y	L	T
P	Y	T	A	L	R	S	E	M
S	M	L	E	T	Y	R	A	P
T	S	R	L	M	A	P	Y	E
Y	L	E	R	P	S	M	T	A
A	P	M	Y	E	T	L	R	S

LETTERS FOR THIS PUZZLE
P R T M L S Y A E

Puzzle #45—Word Answers

LAP	TERM	APE	RAP
PAR	SPAR	LET	PAR
MAY	YET	SAT	LEAP
RAY	RAYS	SAY	TEA
PEA	PEAS	ATE	ERA
SPARE	ARE	PAL	RAP
PLEA	LAP	SAP	

TOTAL =27

Puzzle #46—Letter Answers

L	M	T	E	S	A	R	D	I
I	E	R	L	D	M	S	T	A
S	A	D	I	R	T	M	L	E
D	I	M	A	E	S	T	R	L
R	S	L	M	T	I	E	A	D
E	T	A	R	L	D	I	M	S
M	D	I	T	A	E	L	S	R
T	R	S	D	I	L	A	E	M
A	L	E	S	M	R	D	I	T

LETTERS FOR THIS PUZZLE
D M R S T L I E A

Puzzle #46—Word Answers

DIM	SET	DIM	DIT
LID	LIDS	DIT	MAIL
RAM	RAMS	SAD	DIRT
ELM	SEA	MEAL	RAT
TAR	AIM	SEAM	ALE
SIDE	LED	LIE	RATE
ALES	ATE		

TOTAL = 26

Puzzle #47—Letter Answers

E	R	M	A	N	B	G	T	I
A	I	N	T	M	G	E	B	R
T	G	B	I	E	R	N	M	A
I	B	R	N	T	M	A	G	E
N	E	T	G	B	A	I	R	M
M	A	G	R	I	E	B	N	T
R	T	I	E	G	N	M	A	B
B	N	E	M	A	T	R	I	G
G	M	A	B	R	I	T	E	N

LETTERS FOR THIS PUZZLE
M G N B R T A I E

Puzzle #47—Word Answers

MAN	BAM	MEN	BAM
RIG	BEG	NET	TEN
RIG	BIG	GAR	RAG
EAR	MAT	AIR	MET
TIN	BEAT	EAT	TIN
EAT	NET	TEN	TIE
AGE			

TOTAL = 25

Puzzle #48—Letter Answers

E	M	A	H	R	T	C	S	O
H	R	C	S	A	O	T	E	M
S	O	T	M	E	C	R	H	A
M	H	E	O	S	R	A	C	T
C	T	R	E	M	A	S	O	H
O	A	S	C	T	H	E	M	R
R	E	O	T	H	S	M	A	C
T	S	H	A	C	M	O	R	E
A	C	M	R	O	E	H	T	S

LETTERS FOR THIS PUZZLE
CHRTSMAEO

Puzzle #48—Word Answers

HAM	CAR	SAME	HEM
CAM	MORE	ROE	SEA
MESA	HOME	RAM	SHE
SEAT	EAT	RAT	TAR
EAR	COT	TRAM	MAT
THE	ACT	MART	SEA
MATH			

TOTAL = 25

Puzzle #49—Letter Answers

L	E	T	I	A	H	R	N	G
G	N	A	R	L	E	T	H	I
R	I	H	T	G	N	E	L	A
I	L	R	H	T	A	G	E	N
H	T	N	G	E	I	A	R	L
A	G	E	L	N	R	I	T	H
T	R	I	N	H	G	L	A	E
E	H	L	A	I	T	N	G	R
N	A	G	E	R	L	H	I	T

LETTERS FOR THIS PUZZLE
R T H N G L A I E

Puzzle #49—Word Answers

LET	RAN	LET	TAG
LEG	AGE	RIT	AGE
RANG	HATE	ATE	TEN
LINE	HAT	TEN	NET
HEN	GET	AIR	TAG
HER	NET	HAT	ALE
AGE			

TOTAL = 25

Puzzle #50—Letter Answers

E	M	W	S	I	T	R	L	A
T	S	R	L	A	W	I	M	E
I	A	L	M	E	R	S	T	W
M	L	E	I	R	S	W	A	T
A	W	I	T	L	E	M	R	S
S	R	T	W	M	A	L	E	I
L	I	A	E	S	M	T	W	R
W	E	M	R	T	I	A	S	L
R	T	S	A	W	L	E	I	M

LETTERS FOR THIS PUZZLE
W R S T M L I E A

Puzzle #50—Word Answers

SIT	LAW	WIT	MELT
MALE	ALE	AIL	SEA
WAS	MIT	MITE	MAT
SAW	ARE	ERA	MIT
SEA	SIR	EAT	TAR
RAT	ARE	SIR	TAM
TAMS	ERA	TIE	

TOTAL = 27

Puzzle #51—Find your missing letters.

G	I	O	A	T	N	R	L	S
T	A	R	S	L	I	N	G	O
L	S	N	R	O	G	T	A	I
I	N	G	O	A	R	S	T	L
O	T	S	G	N	L	I	R	A
R	L	A	I	S	T	O	N	G
S	G	L	N	R	O	A	I	T
N	O	I	T	G	A	L	S	R
A	R	T	L	I	S	G	O	N

LETTERS FOR THIS PUZZLE:
R N G L S T I A O

Puzzle #51—What words can you find? Put them here.

RAT	SLING	NOT	TON
LAG	SLAG	ART	SILT
LOAN	GIN	TAG	SIN
SOIL	LAG	GIN	LOANS
GAL	OAT	TAR	OAR
OARS	TARS	OIL	OIL
GAL			

TOTAL = 25

Puzzle #52—Find your missing letters.

D	G	O	R	L	A	I	M	W
M	A	I	O	D	W	L	G	R
R	W	L	G	I	M	A	O	D
G	I	A	W	R	D	O	L	M
O	L	R	A	M	I	D	W	G
W	D	M	L	O	G	R	A	I
I	O	D	M	W	L	G	R	A
A	R	W	D	G	O	M	I	L
L	M	G	I	A	R	W	D	O

LETTERS FOR THIS PUZZLE:
W R D G L M I O A

Puzzle #52—What words can you find? Put them here.

LOG	RID	WAG	LAW
MOW	DIG	LOG	WILD
RAM	ARM	ROD	DORM
WAR	RAW	RID	OIL
AIM			

TOTAL = 17

Puzzle #53—Find your missing letters.

N	E	I	O	L	B	T	R	S
S	B	R	N	T	E	I	O	L
L	O	T	S	I	R	E	N	B
B	L	O	T	N	S	R	E	I
T	I	E	B	R	L	O	S	N
R	S	N	E	O	I	L	B	T
E	N	L	R	B	T	S	I	O
O	T	S	I	E	N	B	L	R
I	R	B	L	S	O	N	T	E

LETTERS FOR THIS PUZZLE:
B N L T S R O E I

Puzzle #53—What words can you find? Put them here.

LOT	LOTS	SIR	SIRE
BLOT	SON	TREO	LOB
TOE	TIN	BORN	LIT
SLIT	NOR	SIREN	ROT
NIB	ONE	TORE	ORE
SILO	IRE	ROBE	ROBES
ORE	LORE	LOT	TIE

TOTAL = 28

Puzzle #54—Find your missing letters.

E	M	H	O	T	W	N	I	S
T	W	N	I	H	S	M	O	E
O	S	I	M	N	E	H	W	T
N	I	M	E	S	H	W	T	O
S	E	W	T	M	O	I	N	H
H	O	T	N	W	I	S	E	M
W	N	E	H	O	M	T	S	I
M	T	O	S	I	N	E	H	W
I	H	S	W	E	T	O	M	N

LETTERS FOR THIS PUZZLE:
N W S T H M O I E

Puzzle #54—What words can you find? Put them here.

NOTE	TON	NOT	MET
SENT	SET	HOT	SIN
SHIN	HEN	WHEN	SEW
HOT	WISE	HEN	WET
SIN	HOT	HEN	EON

TOTAL = 20

———

Puzzle #55—Find your missing letters.

R	Y	S	T	E	W	A	B	N
N	T	W	R	B	A	Y	E	S
B	E	A	N	S	Y	T	W	R
S	N	B	A	Y	R	E	T	W
W	A	Y	S	T	E	R	N	B
T	R	E	W	N	B	S	Y	A
Y	W	N	E	R	S	B	A	T
E	S	T	B	A	N	W	R	Y
A	B	R	Y	W	T	N	S	E

LETTERS FOR THIS PUZZLE:
N W B T R Y S E A

Puzzle #55—What words can you find? Put them here.

STEW	WET	AWE	YES
BAY	BEAN	BEANS	BAY
WAY	WAYS	TEN	NET
RAN	BYE	WEB	WAR
RAW	WAY	WEB	RAY
BAT	TAB	TAB	BAT

TOTAL = 24

———

Puzzle #56—Find your missing letters.

I	C	Y	W	M	A	T	E	H
T	E	H	Y	C	I	A	W	M
M	W	A	T	H	E	I	C	Y
Y	M	W	H	A	T	E	I	C
H	I	E	C	W	M	Y	T	A
C	A	T	I	E	Y	H	M	W
A	T	M	E	Y	C	W	H	I
W	Y	I	M	T	H	C	A	E
E	H	C	A	I	W	M	Y	T

LETTERS FOR THIS PUZZLE:
W T H M C Y I A E

Puzzle #56—What words can you find? Put them here.

MAT	MATE	ATE	TAM
THE	WHAT	HAT	CAT
TIE	EACH	AWE	AWE
WET	HAY		AIM
HATE	ATE		

TOTAL = 17

———

Puzzle #57—Find your missing letters.

C	O	M	A	T	W	E	R	L
R	W	A	E	L	O	C	T	M
L	T	E	R	M	C	W	A	O
T	E	R	L	O	M	A	C	W
O	A	C	T	W	R	M	L	E
W	M	L	C	A	E	R	O	T
M	C	T	W	R	L	O	E	A
A	R	W	O	E	T	L	M	C
E	L	O	M	C	A	T	W	R

LETTERS FOR THIS PUZZLE:
W L C M T R E O A

Puzzle #57—What words can you find? Put them here.

COMA	MAT	TEAM	TAM
TERM	CAM	ACT	ELM
ROT	TORE	WOE	MOLE
CAT	ATE	CAT	MOW
WET	CAT	COW	MOW
WAR	RAW	WARE	MOW
CREAM	TWO	TOW	TEA
ORE			

TOTAL = 29

Puzzle #58—Find your missing letters.

E	T	L	W	H	G	A	O	N
H	O	W	T	A	N	L	G	E
N	A	G	E	O	L	H	T	W
A	G	E	O	L	H	W	N	T
L	H	T	N	W	E	G	A	O
W	N	O	A	G	T	E	H	L
G	W	N	L	T	A	O	E	H
T	L	A	H	E	O	N	W	G
O	E	H	G	N	W	T	L	A

LETTERS FOR THIS PUZZLE:
W H T N G L A O E

Puzzle #58—What words can you find? Put them here.

HOW	TAN	NAG	AGE
AGE	AGE	HALT	GET
TON	TEN	NET	NEW
LOT	NOT	OAT	EON
ATE	HEW	NOTE	EON
	OAT	EON	ANT

TOTAL = 23

_____

Puzzle #59—Find your missing letters.

T	L	O	S	A	E	H	R	W
S	A	H	R	W	T	O	L	E
E	W	R	L	O	H	A	S	T
A	E	S	W	T	R	L	O	H
L	O	T	H	S	A	W	E	R
H	R	W	E	L	O	S	T	A
O	H	L	T	R	W	E	A	S
R	S	E	A	H	L	T	W	O
W	T	A	O	E	S	R	H	L

LETTERS FOR THIS PUZZLE:
H W R S T L A E O

Puzzle #59—What words can you find? Put them here.

LOT	TOLE	HAS	SEA
SOLE	WAS	SAW	LOST
SEAL	SEA	TWO	OAT
SET	LAW	ROE	OAT
LOT	ATE	WET	SEA
	HAS	AWE	TOW

TOTAL = 23

Puzzle #60—Find your missing letters.

F	R	A	E	S	I	U	B	T
U	I	S	A	B	T	R	F	E
E	B	T	R	U	F	S	A	I
B	U	F	S	T	E	I	R	A
T	E	R	B	I	A	F	S	U
A	S	I	F	R	U	T	E	B
S	F	U	T	E	B	A	I	R
I	A	B	U	F	R	E	T	S
R	T	E	I	A	S	B	U	F

LETTERS FOR THIS PUZZLE:
B F S R T E A I U

Puzzle #60—What words can you find? Put them here.

SEA	BET	SAT	SIR
BET	FAT	RIB	EAR
EAT	BEAT	FAR	TIE
TIES	BUT	TUB	FUR
SIFT	TIRE	RUT	IRE

TOTAL = 20

Puzzle #61—Find your missing letters.

A	T	M	R	S	H	N	E	I
H	I	E	A	T	N	S	R	M
R	N	S	I	M	E	A	T	H
N	E	R	H	A	S	I	M	T
M	S	I	N	R	T	E	H	A
T	H	A	M	E	I	R	S	N
E	R	N	T	H	A	M	I	S
S	A	H	E	I	M	T	N	R
I	M	T	S	N	R	H	A	E

LETTERS FOR THIS PUZZLE:
T H N M S R I E A

Puzzle #61—What words can you find? Put them here.

EAT	MEAT	EAT	HAS
SIN	HAM	SET	TIN
RAM	SET	RAM	NEST
SIN	TAN	TINE	TINES
AIR	HER	ARE	HAS
HAM			

TOTAL = 21

———

Puzzle #62—Find your missing letters.

O	S	T	H	U	E	G	N	R
G	R	U	O	N	S	H	T	E
N	H	E	T	G	R	S	O	U
T	U	S	N	H	G	E	R	O
H	O	R	E	T	U	N	G	S
E	G	N	S	R	O	T	U	H
R	N	O	G	E	H	U	S	T
S	E	G	U	O	T	R	H	N
U	T	H	R	S	N	O	E	G

LETTERS FOR THIS PUZZLE:
R G H T S N U O E

Puzzle #62—What words can you find? Put them here.

RUGS	ORE	ORE	ROT
NET	HER	THE	TEN
ROT	HOT	SENT	SENT
NUT	RUG	GUSH	OUR
SHE	HERS	HUE	EON

TOTAL = 20

_____

Puzzle #63—Find your missing letters.

D	S	E	H	T	R	O	Y	A
A	Y	T	E	O	S	H	D	R
O	R	H	A	Y	D	E	T	S
R	A	Y	T	H	O	S	E	D
H	O	D	Y	S	E	R	A	T
T	E	S	R	D	A	Y	H	O
Y	D	R	S	A	H	T	O	E
E	H	A	O	R	T	D	S	Y
S	T	O	D	E	Y	A	R	H

LETTERS FOR THIS PUZZLE:
H D S T R E A O Y

Puzzle #63—What words can you find? Put them here.

THE	HOSE	ARE	SET
DAY	TOE	HAS	DOT
ROAD	YES	TYE	OAR
OARS	THY	HEAT	SOD
TOY	DARE	RAD	DOE
TEA	TOE	DOTS	THOSE
EAT	ARE	HAY	OAR
RAY	RAY	RAT	TAR

TOTAL = 32

———

Puzzle #64—Find your missing letters.

O	L	M	T	E	N	A	R	S
N	T	A	R	S	O	E	M	L
E	R	S	A	M	L	T	O	N
M	O	R	L	T	A	N	S	E
L	S	T	M	N	E	R	A	O
A	N	E	S	O	R	M	L	T
S	M	O	N	A	T	L	E	R
T	E	L	O	R	M	S	N	A
R	A	N	E	L	S	O	T	M

LETTERS FOR THIS PUZZLE:
M R N L S T O E A

Puzzle #64—What words can you find? Put them here.

TEN	NET	TAR	RAT
TARS	TON	NOT	TAN
TANS	ERA	ROSE	TAN
ROLE	RAN	SOT	RAN
SORT	LAST	TEA	SALE
MEN	ONE	EON	REAL
MART	TOE		

TOTAL = 26

Puzzle #65—Find your missing letters.

V	N	A	G	O	F	L	E	T
E	G	L	V	A	T	O	N	F
O	F	T	L	E	N	V	A	G
A	E	O	F	T	G	N	L	V
F	T	V	E	N	L	G	O	A
N	L	G	A	V	O	T	F	E
L	V	F	O	G	A	E	T	N
G	A	N	T	L	E	F	V	O
T	O	E	N	F	V	A	G	L

LETTERS FOR THIS PUZZLE:
T L V F N G E A O

Puzzle #65—What words can you find? Put them here.

LET	TON	NOT	TOE
LANE	LONE	ONE	NAG
TEA	ANT	ALTO	VAT
FOE	FOG	FELT	LOFT
FOG	NAG	TEA	

TOTAL = 19

———

Puzzle #66—Find your missing letters.

F	S	D	T	E	R	O	A	N
T	R	E	N	A	O	F	S	D
N	O	A	D	S	F	E	T	R
O	N	R	F	T	A	S	D	E
A	F	S	E	D	N	T	R	O
E	D	T	R	O	S	N	F	A
S	T	N	O	R	D	A	E	F
D	E	F	A	N	T	R	O	S
R	A	O	S	F	E	D	N	T

LETTERS FOR THIS PUZZLE:
D N R S F T A E O

Puzzle #66—What words can you find? Put them here.

NOR	FED	SORT	FED
NOR	ORE	ROD	FEST
SAT	ANT	EAR	EARS
DEAR	EAST	RAN	FOR
RANT	ANT	RANTS	OAF
OAFS	FAN	SEA	TEA
FANS	OAR	EON	FAN

TOTAL = 28

——

Puzzle #67—Find your missing letters.

M	A	H	L	S	U	T	E	R
U	T	R	M	A	E	S	L	H
S	L	E	H	R	T	A	M	U
E	S	A	U	T	R	M	H	L
T	R	M	A	H	L	U	S	E
L	H	U	E	M	S	R	A	T
R	M	L	S	U	H	E	T	A
H	U	S	T	E	A	L	R	M
A	E	T	R	L	M	H	U	S

LETTERS FOR THIS PUZZLE:
H L R S T M E A U

Puzzle #67—What words can you find? Put them here.

HAM	SEAM	MAT	HAM
RAT	TAR	TARS	ATE
TEA	TEA	SET	REAM
SEA	ART	HAM	SAT
ELM	LET	MAT	ATE
USE	MUSE	USE	RUM
MATE			

TOTAL = 25

Puzzle #68—Find your missing letters.

S	N	T	I	O	E	W	M	H
O	I	M	N	H	W	E	S	T
E	H	W	M	T	S	O	I	N
T	O	E	S	I	H	N	W	M
H	W	S	E	N	M	T	O	I
I	M	N	T	W	O	H	E	S
N	S	O	W	M	T	I	H	E
W	E	I	H	S	N	M	T	O
M	T	H	O	E	I	S	N	W

LETTERS FOR THIS PUZZLE:
N W S T H M O I E

Puzzle #68—What words can you find? Put them here.

WEST	TOE	TOES	TWO
HOW	SOW	HIT	HOE
THIN	HOW	SET	SEW
SET	WHO	TIN	SOE
THE		HIS	EON
HIM			

TOTAL = 20

———

Puzzle #69—Find your missing letters.

D	I	L	T	A	Y	O	N	R
T	A	Y	O	N	R	L	D	I
N	R	O	D	I	L	A	Y	T
A	Y	N	I	L	D	R	T	O
R	O	D	Y	T	A	N	I	L
I	L	T	R	O	N	Y	A	D
O	N	I	A	R	T	D	L	Y
Y	T	A	L	D	O	I	R	N
L	D	R	N	Y	I	T	O	A

LETTERS FOR THIS PUZZLE:
L T R D N Y O I A

Puzzle #69—What words can you find? Put them here.

LID	LAY	LID	DAY
ART	DIT	ROD	ROD
DOT	ROT	LOT	NIL
TAN	RAIN	RAN	RANT
NIL	ANT	ANY	TOLD
NOR	TRAIN		

TOTAL = 22

Puzzle #70—Find your missing letters.

R	C	T	O	I	S	A	N	P
S	A	O	C	N	P	R	T	I
I	P	N	T	A	R	O	S	C
N	R	I	S	C	A	T	P	O
P	O	S	R	T	I	N	C	A
C	T	A	N	P	O	S	I	R
T	I	R	P	O	N	C	A	S
O	N	P	A	S	C	I	R	T
A	S	C	I	R	T	P	O	N

LETTERS FOR THIS PUZZLE:
C P T R N S O A I

Puzzle #70—What words can you find? Put them here.

RAT	TAR	SIR	SCAT
TIN	TAN	SIR	SAP
SIN	CAP	TON	ROT
TIN	TINS	SIN	CAN
SOP	OAR	NOT	OARS
CAT	ROT	ION	

TOTAL = 23

Puzzle #71—Find your missing letters.

T	W	R	E	I	O	S	D	N
E	N	O	W	D	S	I	T	R
D	S	I	T	N	R	W	O	E
I	R	D	O	W	N	E	S	T
O	E	S	R	T	I	N	W	D
N	T	W	D	S	E	R	I	O
R	I	T	S	E	D	O	N	W
S	D	E	N	O	W	T	R	I
W	O	N	I	R	T	D	E	S

LETTERS FOR THIS PUZZLE:
W S T R N D E I O

Puzzle #71—What words can you find? Put them here.

NOW	WON	SIT	SIT
WOE	DOWN	NEST	TIN
STIR	NODE	DEN	NOW
TWO	WON	NOW	DIT
NEW	ROT	WIN	TEN
WON	ROT	ION	
NET	ROE	TORN	

TOTAL = 26

___

Puzzle #72—Find your missing letters.

A	E	O	N	D	S	L	P	T
N	L	P	O	A	T	E	S	D
S	D	T	L	P	E	A	N	O
D	T	N	S	L	A	O	E	P
E	O	A	D	N	P	T	L	S
L	P	S	E	T	O	D	A	N
O	N	E	T	S	L	P	D	A
T	A	D	P	E	N	S	O	L
P	S	L	A	O	D	N	T	E

LETTERS FOR THIS PUZZLE:
S T N D P L A O E

Puzzle #72—What words can you find? Put them here.

SET	PEA	SET	NET
PEN	DOT	LED	PAD
TEA	LAD	TEN	POT
LOT	TOLE	TOP	ANT
DOT	POD	ATE	
ONE	DALE	EON	
ALE	ALE		

TOTAL = 24

Puzzle #73—Find your missing letters.

N	T	C	R	E	L	A	O	B
E	L	R	O	A	B	T	N	C
A	B	O	T	N	C	E	R	L
T	A	L	C	R	E	O	B	N
R	N	B	L	T	O	C	E	A
C	O	E	N	B	A	L	T	R
L	E	N	A	O	R	B	C	T
B	C	T	E	L	N	R	A	O
O	R	A	B	C	T	N	L	E

LETTERS FOR THIS PUZZLE:
C N T R B L O A E

Puzzle #73—What words can you find? Put them here.

ALE	LAB	LET	OAR
BAR	NEAT	BENT	ROT
BEAN	BET	RAN	TOE
ACT	ATE	BAN	ORB
OAR	EAT	COT	EON
	ART		

TOTAL = 21

___

Puzzle #74—Find your missing letters.

U	N	E	L	R	A	S	O	T
T	O	S	U	N	E	A	L	R
R	A	L	T	S	O	U	N	E
L	E	T	S	A	N	R	U	O
A	U	O	E	T	R	L	S	N
S	R	N	O	L	U	T	E	A
N	T	U	A	E	L	O	R	S
E	L	A	R	O	S	N	T	U
O	S	R	N	U	T	E	A	L

LETTERS FOR THIS PUZZLE:
N T R L S A U E O

Puzzle #74—What words can you find? Put them here.

SOT	SOT	LET	SUN
OUR	TEA	ROLE	TEAL
NUT	TON	NOT	SAT
ONE	USE	USER	EON
NOT	TONE	RUE	SUN
URN	TON	EON	TEA
TRUE			

TOTAL = 25

―――――

Puzzle #75—Find your missing letters.

B	I	N	S	R	D	O	L	E
D	S	R	L	E	O	I	N	B
E	O	L	N	B	I	R	S	D
S	B	I	R	N	E	D	O	L
N	L	D	O	S	B	E	R	I
O	R	E	D	I	L	S	B	N
R	D	B	E	L	S	N	I	O
I	N	O	B	D	R	L	E	S
L	E	S	I	O	N	B	D	R

LETTERS FOR THIS PUZZLE:
D S R N B L I O E

Puzzle #75—What words can you find? Put them here.

DEN	LID	DOLE	BED
NOR	ORE	RED	SLIDE
LID	IRON	IRONS	SOB
BIN	SON	ODE	ROD
NOISE	END	RIB	ION

TOTAL = 20

———

Puzzle #76—Find your missing letters.

E	S	M	A	R	L	O	T	N
L	R	A	N	T	O	M	E	S
O	T	N	E	M	S	L	A	R
S	N	L	R	E	A	T	O	M
T	E	O	S	L	M	R	N	A
M	A	R	O	N	T	S	L	E
A	O	E	T	S	R	N	M	L
R	L	T	M	A	N	E	S	O
N	M	S	L	O	E	A	R	T

LETTERS FOR THIS PUZZLE:
R N S T L M E O A

Puzzle #76—What words can you find? Put them here.

RAM	EAT	RAM	MAN
ART	EAR	RAM	LOT
LOT	LOST	SOLE	ANT
NOR	MAN	MANE	MANES
RAMS	LORE	RANT	TOLE
TEA	RAN	ORE	

TOTAL = 23

———

Puzzle #77—Find your missing letters.

N	G	C	O	T	R	D	A	S
D	A	R	C	S	G	T	O	N
T	O	S	A	D	N	C	R	G
O	S	D	N	R	T	A	G	C
G	T	A	S	C	O	R	N	D
C	R	N	G	A	D	O	S	T
A	N	O	D	G	C	S	T	R
R	C	G	T	O	S	N	D	A
S	D	T	R	N	A	G	C	O

LETTERS FOR THIS PUZZLE:
D G S N C T R A O

Puzzle #77—What words can you find? Put them here.

COT	SAD	TON	NOT
SAD	TAG	SAT	CORN
SODA	NOD	NAG	GOT
CAR	CARS	CAN	CANS
DOT	CAR	ART	ACT
ARC	OAR		

TOTAL = 22

Puzzle #78—Find your missing letters.

M	R	I	B	E	S	T	L	A
E	L	S	A	I	T	B	R	M
T	A	B	L	M	R	S	E	I
I	T	A	M	S	L	R	B	E
B	E	L	T	R	I	M	A	S
S	M	R	E	B	A	I	T	L
R	B	M	S	L	E	A	I	T
A	I	E	R	T	M	L	S	B
L	S	T	I	A	B	E	M	R

LETTERS FOR THIS PUZZLE:
L M T S R B I A E

Puzzle #78—What words can you find? Put them here.

RIM	MET	SET	MET
SIT	AIM	ALE	ITEM
LATE	BEST	BAT	TAB
BELT	LAB	BAIT	BALM
BAIT	LAB	BIT	BAT
BERM	RIB	METAL	TAB
MAT	ATE	BITE	

TOTAL = 27

———

Puzzle #79—Find your missing letters.

W	E	H	A	L	O	K	C	R
A	O	L	R	C	K	E	W	H
K	C	R	H	W	E	L	A	O
O	H	A	C	K	R	W	E	L
E	K	W	L	H	A	R	O	C
L	R	C	E	O	W	H	K	A
C	W	E	O	R	H	A	L	K
R	A	O	K	E	L	C	H	W
H	L	K	W	A	C	O	R	E

LETTERS FOR THIS PUZZLE:
W R K C H L O A E

Puzzle #79—What words can you find? Put them here.

HALO	HACK	ARE	LAW
ORE	RAW	WAR	WAR
RAW	ALE	WOE	ROE
ORE	CORE	ERA	
OAR			

TOTAL = 16

_____

Puzzle #80—Find your missing letters.

A	H	I	O	N	G	U	T	R
O	G	U	H	R	T	A	I	N
N	R	T	U	A	I	G	O	H
U	T	O	N	G	A	H	R	I
R	N	H	I	O	U	T	G	A
I	A	G	R	T	H	N	U	O
T	I	A	G	H	O	R	N	U
H	U	R	T	I	N	O	A	G
G	O	N	A	U	R	I	H	T

LETTERS FOR THIS PUZZLE:
T N G H R O I A U

Puzzle #80—What words can you find? Put them here.

ION	HOG	TON	HAG
HORN	TIN	HOT	RAG
NOT	GRIN	GOT	RUN
OUT	GUT	GUN	HUG
GAR	ANT	HURT	

TOTAL = 19

———

Puzzle #81—Find your missing letters.

F	C	B	W	I	R	D	E	A
A	R	E	D	B	F	W	I	C
I	D	W	E	C	A	R	B	F
E	I	D	C	F	W	A	R	B
R	A	F	I	E	B	C	D	W
B	W	C	R	A	D	E	F	I
C	E	A	B	R	I	F	W	D
D	B	R	F	W	C	I	A	E
W	F	I	A	D	E	B	C	R

LETTERS FOR THIS PUZZLE:
F D B C R W E A I

Puzzle #81—What words can you find? Put them here.

WEB	ICE	WIDE	WEB
AID	ICE	DICE	RED
CAR	RED	RACE	FEAR
EAR	RICE	CAR	FIB
WAR	RAW	BRA	BED
ARE	FAR	RACE	BRACE
CAR	WIDER	ACE	ACE

TOTAL = 28

———

Puzzle #82—Find your missing letters.

O	C	N	H	U	E	T	S	R
U	E	S	T	O	R	H	C	N
H	R	T	N	S	C	U	O	E
N	H	O	U	C	S	E	R	T
R	U	C	E	N	T	S	H	O
S	T	E	O	R	H	N	U	C
E	S	H	R	T	O	C	N	U
C	N	R	S	E	U	O	T	H
T	O	U	C	H	N	R	E	S

LETTERS FOR THIS PUZZLE:
R T N S H C E U O

Puzzle #82—What words can you find? Put them here.

CENT	CENTS	SECT	NET
TEN	COT	ROE	ROT
COT	ROE	COT	HUT
HUTS	HUE	HUNT	HUE
TOUCH	COTS	ROTS	OUT
HUES			

TOTAL = 21

Puzzle #83—Find your missing letters.

N	I	D	O	A	Y	T	R	C
A	C	R	T	I	N	D	O	Y
T	O	Y	R	C	D	A	N	I
Y	T	O	A	D	R	I	C	N
R	A	N	C	O	I	Y	T	D
C	D	I	N	Y	T	R	A	O
I	R	T	Y	N	O	C	D	A
O	Y	A	D	R	C	N	I	T
D	N	C	I	T	A	O	Y	R

LETTERS FOR THIS PUZZLE:
D C T N R Y I A O

Puzzle #83—What words can you find? Put them here.

DIN	TIN	TOY	TOAD
RAN	DIN	DAY	TIN
COT	DRY	TIN	CART
TAD	NOR	COT	CAT
CRY	CAR	CAT	CRY
CART	TAD	TAN	DRY
CRY	ART		

TOTAL = 26

_____

Puzzle #84—Find your missing letters.

A	D	R	I	N	O	T	M	S
T	O	M	R	D	S	N	I	A
S	N	I	M	A	T	R	D	O
M	R	N	D	O	A	I	S	T
D	T	O	S	M	I	A	N	R
I	A	S	N	T	R	M	O	D
R	S	D	T	I	N	O	A	M
N	M	A	O	R	D	S	T	I
O	I	T	A	S	M	D	R	N

LETTERS FOR THIS PUZZLE:
S T R M D N O A I

Puzzle #84—What words can you find? Put them here.

MAT	ROAM	SAT	AIR
SAT	NOT	TIN	SON
RID	DIM	MID	TON
TAD	STAIR	AIR	OAT

TOTAL = 16

_____

Puzzle #85—Find your missing letters.

H	M	N	I	T	L	A	E	R
I	L	T	E	A	R	N	H	M
R	E	A	H	N	M	T	L	I
A	R	E	L	M	H	I	T	N
L	T	H	N	R	I	M	A	E
M	N	I	T	E	A	H	R	L
E	I	L	M	H	T	R	N	A
T	A	M	R	L	N	E	I	H
N	H	R	A	I	E	L	M	T

LETTERS FOR THIS PUZZLE:
H M T L N R E A I

Puzzle #85—What words can you find? Put them here.

TIN	TEA	HIT	TIN
TEA	LIE	MAT	MET
EAT	TAN	ANT	MIT
ALE	HALE	MINE	HEAT
TEAR	ARE	RIM	ARM
HER	RAT	TAR	ELM
REAL	EAR		

TOTAL = 26

Puzzle #86—Find your missing letters.

I	W	R	G	A	O	T	N	D
N	T	O	D	R	I	G	W	A
G	A	D	W	N	T	I	O	R
A	O	I	R	T	W	N	D	G
T	G	W	A	D	N	O	R	I
R	D	N	I	O	G	W	A	T
D	N	G	T	W	A	R	I	O
W	R	T	O	I	D	A	G	N
O	I	A	N	G	R	D	T	W

LETTERS FOR THIS PUZZLE:
W R N G T D A I O

Puzzle #86—What words can you find? Put them here.

DOT	RIG	NOR	IRON
WAR	GAD	RAW	TAG
GOAT	ROD	NOT	TON
WIG	NOW	GIN	DOWN
NOT	WON	OWN	TON
GAD	GAD		

TOTAL = 22

———

Puzzle #87—Find your missing letters.

S	I	A	E	N	T	O	R	L
L	N	E	O	R	S	A	T	I
T	R	O	I	A	L	S	E	N
A	L	I	R	O	N	T	S	E
O	T	R	L	S	E	I	N	A
E	S	N	T	I	A	L	O	R
R	O	T	A	E	I	N	L	S
N	A	L	S	T	R	E	I	O
I	E	S	N	L	O	R	A	T

LETTERS FOR THIS PUZZLE:
L T R N S A E I O

Puzzle #87—What words can you find? Put them here.

SAT	EAT	RAT	TAR
SAT	LIT	SET	AIL
EAR	NEAR	LINE	LINEAR
EARS	ROT	ROE	IRON
NOR	ROT	OAT	OAR

TOTAL = 20

—————

Puzzle #88—Find your missing letters.

R	C	A	E	M	T	S	O	D
T	S	E	O	R	D	M	C	A
D	M	O	A	C	S	E	T	R
A	D	S	M	T	R	O	E	C
M	E	R	C	D	O	A	S	T
C	O	T	S	A	E	R	D	M
O	T	M	R	E	C	D	A	S
E	R	C	D	S	A	T	M	O
S	A	D	T	O	M	C	R	E

LETTERS FOR THIS PUZZLE:
M S T R C D A E O

Puzzle #88—What words can you find? Put them here.

SET	ADS	ROE	COT
SAD	SAT	SAD	DAM
MAD	ART	ROE	MACE
CAM	SET	MAD	DAM
ROE	TOE	SEA	COTS
EAST	ACE	SOD	OAR
ARC			

TOTAL = 25

Puzzle #89—Find your missing letters.

E	H	O	C	A	M	N	R	S
N	C	S	H	E	R	O	A	M
M	A	R	O	N	S	C	H	E
S	R	A	E	C	H	M	O	N
O	M	H	A	S	N	R	E	C
C	E	N	M	R	O	A	S	H
A	N	E	S	O	C	H	M	R
R	O	M	N	H	E	S	C	A
H	S	C	R	M	A	E	N	O

LETTERS FOR THIS PUZZLE:
R H N S C M O A E

Puzzle #89—What words can you find? Put them here.

HAS	ASH	ONE	MEN
SON	MEN	HOE	HOE
MEN	CAR	CAR	HERO
NOR	RAM	OAR	HER
SHE	ROAM	ARM	CAM
HEW	EAR		

TOTAL = 22

Puzzle #90—Find your missing letters.

A	N	R	X	I	M	O	B	G
X	O	B	R	G	N	I	A	M
M	I	G	O	A	B	R	N	X
G	B	X	A	M	I	N	R	O
O	R	M	N	B	X	G	I	A
N	A	I	G	O	R	X	M	B
R	G	O	B	N	A	M	X	I
I	X	A	M	R	G	B	O	N
B	M	N	I	X	O	A	G	R

LETTERS FOR THIS PUZZLE:
M G N B X R A O I

Puzzle #90—What words can you find? Put them here.

MAIN	MAX	MAN	MAX
RIB	RAG	BOX	BOG
NAB	BAN	MOB	MIX
RIM	GAR	BRA	BRAG
RAG	EON	NIB	

TOTAL = 19

Puzzle #91—Find your missing letters.

T	C	E	M	H	O	L	U	R
M	H	L	C	R	U	T	O	E
R	U	O	T	E	L	C	H	M
E	L	M	U	O	R	H	C	T
O	R	C	E	T	H	U	M	L
U	T	H	L	C	M	E	R	O
C	M	U	O	L	T	R	E	H
H	O	T	R	U	E	M	L	C
L	E	R	H	M	C	O	T	U

LETTERS FOR THIS PUZZLE:
L T H M C R U E O

Puzzle #91—What words can you find? Put them here.

TOE	ELM	HUM	HOT
RUE	HUT	MOLE	ROLE
TOE	HOLT	OUCH	COT
HER	ORE	RUT	TOUR
TRUE	HUE		

TOTAL = 18

———

Puzzle #92—Find your missing letters.

D	W	O	M	A	L	I	S	G
I	A	L	S	G	W	O	M	D
M	S	G	I	D	O	W	A	L
L	I	D	G	M	S	A	W	O
W	G	M	A	O	D	S	L	I
A	O	S	L	W	I	D	G	M
S	L	W	O	I	M	G	D	A
O	M	A	D	S	G	L	I	W
G	D	I	W	L	A	M	O	S

LETTERS FOR THIS PUZZLE:
W S D M L G I O A

Puzzle #92—What words can you find? Put them here.

MOW	DIG	DIGS	MOW
LAW	WAS	SAW	LID
MAD	DAM	DIM	WAS
SAW	SAW	WAS	MOW
DIM	WAS	SAW	OWL
LAG	OLD	LOG	
GAL	SOW	AWL	

TOTAL = 26

_____

Puzzle #93—Find your missing letters.

S	M	E	L	I	R	A	T	N
L	A	T	S	E	N	R	M	I
I	R	N	M	T	A	L	E	S
M	I	S	T	L	E	N	R	A
N	T	R	A	S	M	E	I	L
E	L	A	R	N	I	M	S	T
A	N	I	E	M	T	S	L	R
T	E	L	N	R	S	I	A	M
R	S	M	I	A	L	T	N	E

LETTERS FOR THIS PUZZLE:
L S R T N M A E I

Puzzle #93—What words can you find? Put them here.

RAT	TAR	NEST	TALE
TALES	MIST	LIE	LET
AIM	ART	SLIM	NEAT
EAT	LIAR	ARE	RAT
TAR	ARM	MEAN	ITS
MEN	SIT	SIRE	SIR
IRE	SIN	SALT	ALE
RAM			

TOTAL = 29

Puzzle #94—Find your missing letters.

I	N	G	M	R	T	W	E	A
W	R	T	E	A	N	M	I	G
A	M	E	G	W	I	T	N	R
G	E	W	T	N	A	R	M	I
M	T	I	W	E	R	A	G	N
R	A	N	I	M	G	E	T	W
E	I	M	R	G	W	N	A	T
T	W	A	N	I	E	G	R	M
N	G	R	A	T	M	I	W	E

LETTERS FOR THIS PUZZLE:
T M G N W R I E A

Puzzle #94—What words can you find? Put them here.

TEA	GEM	WIT	RAN
RAG	GAR	RAN	GET
TAN	RAT	TAR	TERM
MET	WET	WIN	RAM
GEM	RAIN	EAR	NEAR
RAT	TAR	GRIN	ART
MEN	RAW	WAR	ATE
WAG	WIT		

TOTAL = 30

———

Puzzle #95—Find your missing letters.

W	F	D	S	E	M	O	I	R
M	I	R	O	F	D	E	S	W
S	O	E	W	R	I	D	F	M
O	W	S	R	I	F	M	D	E
F	R	M	E	D	W	I	O	S
E	D	I	M	S	O	R	W	F
R	M	W	D	O	S	F	E	I
I	S	O	F	M	E	W	R	D
D	E	F	I	W	R	S	M	O

LETTERS FOR THIS PUZZLE:
F R D M W S E O I

Puzzle #95—What words can you find? Put them here.

FOR	RID	FIR	MED
DIM	SOD	IRE	SOW
RID	SOW	RIM	OWE
RIM	WIFE	DIRE	

TOTAL = 15

———

Puzzle #96—Find your missing letters.

M	A	R	S	W	E	L	I	O
O	I	L	R	A	M	W	S	E
E	S	W	I	L	O	A	R	M
W	R	A	E	M	L	I	O	S
S	L	E	A	O	I	R	M	W
I	M	O	W	R	S	E	L	A
A	O	M	L	I	W	S	E	R
R	E	I	M	S	A	O	W	L
L	W	S	O	E	R	M	A	I

LETTERS FOR THIS PUZZLE:
M L W R S E I O A

Puzzle #96—What words can you find? Put them here.

OIL	SOIL	OIL	OWL
RISE	SILO	MOW	MARS
RAM	OAR	RAM	ALE
AWL	AWL	LAW	RAW
WAR	AWL	AIR	WAR
RAW	SIR	IRE	EAR
AWE	ARM	OIL	

TOTAL = 27

Puzzle #97—Find your missing letters.

B	N	I	A	F	M	T	R	E
E	R	M	N	T	I	B	F	A
A	F	T	R	B	E	I	M	N
N	E	F	T	A	R	M	I	B
R	I	A	B	M	N	F	E	T
T	M	B	E	I	F	N	A	R
I	A	N	M	E	B	R	T	F
F	T	R	I	N	A	E	B	M
M	B	E	F	R	T	A	N	I

LETTERS FOR THIS PUZZLE:
F B R M N T I E A

Puzzle #97—What words can you find? Put them here.

ARM	AIR	RAN	BEAN
BAM	BEAN	BIT	TIB
TAR	RAT	FIT	TAN
MAT	BAT	EAT	TAB

TOTAL = 16

―――

Puzzle #98—Find your missing letters.

N	P	O	I	E	S	R	D	T
S	I	D	T	O	R	E	P	N
E	T	R	N	P	D	O	I	S
O	D	E	S	R	P	T	N	I
I	R	N	E	D	T	P	S	O
T	S	P	O	N	I	D	R	E
D	E	S	P	I	O	N	T	R
P	O	I	R	T	N	S	E	D
R	N	T	D	S	E	I	O	P

LETTERS FOR THIS PUZZLE:
P R S D N T E I O

Puzzle #98—What words can you find? Put them here.

ORE	ROT	PIT	EON
SIT	TIP	NERD	TIN
TORE	TOE	PIN	PINS
SET	DEN	ION	SNIP
	TOP	POT	ION

TOTAL = 19

———

Puzzle #99—Find your missing letters.

R	A	N	T	I	H	G	W	O
H	W	O	R	G	N	T	I	A
G	T	I	A	O	W	R	H	N
T	I	G	O	R	A	H	N	W
A	N	H	G	W	T	O	R	I
O	R	W	N	H	I	A	T	G
W	O	R	H	N	G	I	A	T
N	H	A	I	T	O	W	G	R
I	G	T	W	A	R	N	O	H

LETTERS FOR THIS PUZZLE:
W N R G H T O A I

Puzzle #99—What words can you find? Put them here.

RANT	ANT	HIT	ROT
ROW	TOW	WAR	ROW
RAW	OAT	TIN	HORN
RAT	TAR	TAG	GROW
WIG	WARN	ART	RAN

TOTAL = 20

_____

Puzzle #100—Find your missing letters.

N	B	T	I	M	A	R	W	O
A	W	I	O	R	B	M	N	T
R	M	O	N	T	W	A	B	I
W	R	M	T	N	O	I	A	B
O	A	B	W	I	R	N	T	M
I	T	N	B	A	M	W	O	R
T	N	A	M	B	I	O	R	W
M	O	R	A	W	T	B	I	N
B	I	W	R	O	N	T	M	A

LETTERS FOR THIS PUZZLE:
B T W N R M I A O

Puzzle #100—What words can you find? Put them here.

MIT	ROW	NOR	ROW
BIT	ROT	BOW	BIN
ION	RAN	RAT	TAR
RAN	RAM	BAT	RAM
BAM	MAN	ANT	WAR
RAW	MIT	MAIN	RIM
TAB	ION	WORM	ION

TOTAL = 28

——

END OF PUZZLES!

CPSIA information can be obtained
at www.ICGtesting.com
Printed in the USA
BVHW081551300421
606209BV00003B/292